ein Ullstein Buch

Ullstein Buch Nr. 3205
im Verlag Ullstein GmbH,
Frankfurt/M — Berlin — Wien
Originaltitel:
Diary of my analysis
with Sigmund Freud
Original English-language edition
published by Hawthorn Books, Inc.,
New York, N. Y. 10016
Übersetzt von F. und S. B.

Deutsche Erstausgabe

Umschlagentwurf: Kurt Weidemann

Printed in Germany 1975
Gesamtherstellung:
Augsburger Druck- und
Verlagshaus GmbH
ISBN 3 548 03205 2

Smiley Blanton

Tagebuch meiner Analyse bei Sigmund Freud

ein Ullstein Buch

Inhalt

Margaret Gray Blanton: Vorwort

Als im Oktober 1966 mein Gatte Dr. Smiley Blanton vierundachtzigjährig starb, hinterließ er unter seinen Manuskripten ein Tagebuch seiner Analyse mit Sigmund Freud. Das Tagebuch bestand aus ungefähr 120 Typoscript-Seiten. Es umfaßte die Anfangsperiode seiner Analyse in Wien von September 1929 bis Juni 1930 und die drei folgenden Zeiträume, jeweils ungefähr zwei Wochen, im Sommer 1935, 1937 und 1938. Die Typoscripte waren Abschriften seiner ursprünglichen Eintragungen, die er von Tag zu Tag unmittelbar nach der Analyse in kartonierte Notizbücher niedergeschrieben hatte.

Zu jener Zeit nahm Freud nur noch diejenigen Patienten an, deren Ziel es war, selbst Psychoanalytiker zu werden. Daher bestand von Anfang an der Zweck des Tagebuches nicht darin, einen detaillierten Bericht über eine klinische Fallgeschichte niederzuschreiben. Ganz im Gegenteil, die Eintragungen bestanden aus ausgewählten Höhepunkten und bemerkenswerten Ereignissen der Analysenstunde und sollten als Grundlage für eine Monographie über Freuds Methode dienen. Freud wußte von diesen Eintragungen und hatte keinerlei Einsprüche gegen sie erhoben, gleich welchen Gebrauch mein Gatte in der Zukunft von ihnen machen würde. Was diese Dinge anbelangte, war Freud der Ansicht, daß es jedem einzelnen freistünde, über seine eigenen, persönlichen Erfahrungen, die Analyse eingeschlossen, zu schreiben. Mein Gatte plante daher auch, erläuternde Angaben, erklärende Bemerkungen hinzuzufügen, und wo notwendig, weitere psychoanalytische Kommentare, durch welche das Tagebuch zu einem abgerundeten historischen Dokument von sowohl allgemeinen als auch wissenschaftlichen Interesse würde.

Offensichtlich ist er jedoch nie dazu gekommen, diese Ergänzungen niederzuschreiben. Der ausgefüllte Terminkalender eines praktizierenden Analytikers läßt natürlich nur wenig Zeit für andere berufliche Tätigkeiten solch extensiver Natur zu. Dennoch nutzte mein Gatte die ihm verfügbare Zeit dazu, allein oder in Zusammenarbeit ein halbes Dutzend Bücher zu schreiben, sowie zahlreiche Artikel und Monographien; doch verschob er von Jahr zu Jahr seine Arbeit an dem Tagebuch. Vielleicht hatte er einfach nicht genügend Zeit für all das, was er zu schreiben plante, oder vielleicht war der Grund für diesen Aufschub natürliches Zögern, selbst ein Minimum an intimer persönlicher Geschichte, die unvermeidlich ist bei der Gestaltung einer Arbeit solcherart, preiszugeben.

Smileys Plan, wie er ihn mit mir durchgesprochen hatte, war folgender: Zunächst wollte er den ersten Eindruck, den der Professor jeweils mehr oder weniger stark auf ihn machte, beschreiben, denn er hielt diesen für den unmittelbarsten. Sodann, was beide sagten und taten, wenn sie sich trafen. Anschließend sollten all die Diskussionen über die Didaktik der Analyse folgen. Danach Traummaterial und dessen analytische Bearbeitung.

Doch war der letztere Teil in dem Manuskript, wie ich es vorfand, nur sehr rudimentär. Wenn Traummaterial niedergeschrieben war, dann häufig sehr spärlich und gefolgt von den Worten »und so weiter«. Die Diskussion dieses Materials war der Teil seiner Arbeit, welche er sich für einen zukünftigen Tag aufsparte, an dem aus seinem Gedächtnis mühelos geschöpft würde. Natürlich fand vieles davon Eingang in das Manuskript, mußte jedoch von mir willkürlich beschnitten werden, denn meiner Meinung nach wäre solch ein intimes Material, sofern es nicht vollständig erklärt würde, nur irreführend gewesen.

Jedenfalls bestand das Manuskript, welches er hinterließ, nur aus dem Kernstück der noch zu schreibenden endgültigen Arbeit. Obwohl zugegebenermaßen unvollständig, bleibt es ein möglicherweise einmaliges Dokument in der psychoanalytischen Literatur, liefert es doch sozusagen eine Folge von Schnappschüssen, welche Freud bei der Arbeit zeigen, in der Rolle eines Analytikers mit einem Analysanden.

Ich kenne keine publizierte Arbeit, in der der Versuch gemacht wurde, Freud in diesem speziellen Aspekt zu porträtieren. Aus diesem Grund glaube ich, daß dieses Tagebuch, wie unvollständig es auch sein mag, im Vergleich zu der Version, die mein Gatte plante, seinen wissenschaftlichen und historischen Wert hat, welche eine Veröffentlichung in seiner vorliegenden Fassung rechtfertigt.

Es versteht sich von selbst, daß Smiley, der Analytiker werden wollte, sich bei Freud auszubilden wünschte. Wenn es so etwas wie eine Quelle gab, so war es sicherlich Freud, und Worte wie »Vater der Analyse« konnten zu Recht auf ihn angewandt werden.

Smiley hatte Freuds Bücher bei ihrem Erscheinen mit großem Eifer gelesen, und er wurde von Uneingeweihten häufig wegen seines Glaubens, Freud wüßte, wovon er spräche, kritisiert.

Aber es gab noch einen anderen Grund für sein Verlangen, mit Freud persönlich zu arbeiten. Smiley war fast frei von Vorurteil, und er spürte, daß sich hier eine Gelegenheit bot, von einem überragenden Juden Einblicke in unsere eigene jüdisch-christliche Kultur zu erhalten.

Smiley war von frühem Alter an ein unermüdlicher und schneller Leser, so daß, als seine presbyterianische Familie seine Sonntagslektüre auf die Bibel und Shakespeare reduzierte, er sich in keiner Weise beraubt sah. Er machte sich daran, die Bibel von Anfang bis Ende durchzulesen und tat dies auch zweimal. Shakespeare las er nicht nur, er memorierte ihn.

Im Verlauf solch eines Bibelstudiums bildete er sich sehr früh eigene religiöse Überzeugungen, von denen er bis zuletzt wenig abwich. Weder interessierte es ihn, noch konnte er je überzeugt werden, irgendeinen rigiden, von Menschen konzipierten Glauben zu akzeptieren. Sein Glaube basierte auf der Grundüberzeugung, daß alle Menschen gleich seien.

Diese Überzeugung prägte bis zuletzt sein ganzes Denken. Vorurteile gegenüber Juden hielt er sowohl für »mittelalterlich« als auch für »vulgär« und undenkbar für einen Gefolgsmann Jesu.

Eine gewisse Ähnlichkeit, doch auch ein gewisser Unterschied zwischen dem Professor (wie er fast überall bezeichnet wurde) und meinem Gatten waren interessant und mögen ein wenig Licht auf ihre Beziehung werfen.

Der Professor wuchs auf in der Blütezeit der Herrschaft Wiens über die wissenschaftliche und soziale Welt. Equipagen, die von erlesenen und reich geschmückten Pferden gezogen wurden, in denen Herrscher und andere königliche Hoheiten saßen, müssen ihm ein alltäglicher Anblick gewesen sein. Sicherlich mußte er oft vom Bürgersteig treten um den Weg für diese pfauengleich stolzierenden Menschen freizugeben, und — da er einer rassischen Minderheit angehörte, muß er sich einer solchen Notwendigkeit durchaus bewußt gewesen sein.

Smiley dagegen wuchs im Alten Süden auf, nur kurze Zeit nach der vernichtenden Niederlage im Bürgerkrieg; doch hatte er das Glück, der herrschenden Klasse anzugehören.

Und doch war beider Erziehung in mancher Hinsicht ähnlich. Smiley gehörte einer höchst rigiden, presbyterianischen Familie an, deren Vorstellungen von korrektem Verhalten eine Person in nahezu jeder Richtung beherrschten und beschränkten.

Jedoch in praktischen Dingen war das Leben beider erstaunlich unterschiedlich. Smileys »Herrschaftskutsche« war ein sehr gepflegter Einspänner, der die Höhen des gebirgigen Tennessee hinauffuhr. Seine Aristokratie war Lee und Jackson. Die Auszeichnungen seiner Helden waren die leeren Ärmel und Holzbeine der alten Soldaten.

Ihr sozialer Hintergrund war so verschieden, daß man sie sich auf getrennten Welten denken könnte. Aber ihre assoziativen Quellen waren bis tief von der gleichen Substanz, und es verband sie miteinander mehr, als sie trennte, denn schließlich hatten beide Shakespeare und die Bibel.

Herbst 1927 verließ Smiley die Universität von Minnesota in Minneapolis, wo er das erste heilpädagogische Kinderzentrum von den Vereinigten Staaten organisiert hatte, welches mit einer Volksschule der Stadt verbunden war, um seine neue Stelle in dem Vassar College in Poughkeepsie, New York, anzunehmen. Man hatte ihn gebeten, den geplanten Kindergarten, für den soeben ein neues Gebäude errichtet worden war, zu organisieren und zu leiten. Auch sollte er am College Kurse über Kindererziehung halten.

In Vassar bauten wir uns ein Haus, im Glauben, daß dies unser ständiger Wohnsitz würde. 1929 jedoch hatte sich die Situation am College dahingehend entwickelt, daß sie eine Verwirklichung von Smileys ursprünglichen Plänen, insbesondere was das Unterrichten anbelangte, nicht erlaubte. Er kam daher zu dem Schluß, daß er einen Wechsel in seiner Berufskarriere herbeiführen müsse. Er beschloß, sich in New York City zu etablieren, wo er eine Privatpraxis als Psychoanalytiker eröffnen wollte. Unter Adolph Meyer hatte er an der Johns Hopkins Universität auf dem Gebiet der Psychiatrie gearbeitet und später in London von dem Royal College of Physicians and Surgeons sein Diplom für Neurologie und psychologische Medizin erhalten. Nun hoffte er durch seinen Europaaufenthalt und sein Studium bei Freud, falls möglich, die notwendige, zusätzliche Ausbildung zu erhalten.

Glücklicherweise konnte Smiley durch die freundliche Hilfe von Dr. George Amsden, der, während wir in Vassar waren, stellvertretender Leiter von Bloomingdale Hospital war, seinen Plan verwirklichen. Seit den Tagen in Johns Hopkins waren wir mit Dr. Amsden und seiner Frau gut befreundet, und als wir erfuhren, daß Dr. Amsden nach Budapest ging, um dort bei Dr. Sandor Ferenczi, einem der frühesten und vertrautesten Kollegen Freuds, zu studieren, baten wir ihn darum, sich einzusetzen für die Einwilligung Freuds in eine Analyse mit Smiley.

Dr. Amsden setzte sich zugunsten Smileys ein; die notwendigen Empfehlungsschreiben wurden erlangt, und schließlich schrieb Freud, daß er für Smiley den Beginn einer Analyse Anfang September arrangieren könnte. Die Analyse von Dr. McCord, eines anderen Amerikaners, wurde zu dieser Zeit beendet, so daß in Freuds Terminkalender diese Stunden frei wurden.

Mit dem Vassar College war eine einjährige Beurlaubung vereinbart worden, und im Spätsommer 1929 nahmen wir ein Schiff, das uns in zehn Tagen nach London brachte. Von da ging ich nach Paris, während Smiley auf direktem Wege nach Berchtesgaden fuhr, wo Freud den Sommer verbrachte, und begann dort mit der Ausbildung für seine zukünftige Arbeit. Später trafen wir uns in Wien wieder.

Ich hoffe, daß dieses Buch auch von speziellem Interesse sein wird als ein persönliches Streiflicht auf den großen Begründer der Psychoanalyse in den letzten Jahren seines Lebens.

Ich habe sowohl einführende wie erklärende Bemerkungen hinzugefügt, um den Leser, wo es notwendig schien, mit Ereignissen und Umständen, die sich zur Zeit der Analyse im Hintergrund abspielten, vertraut zu machen. Doch sollen diese in keiner Weise die Stelle der Psychoanalytischen Notizen und Kommentare einnehmen, die mein Gatte zu schreiben vorhatte. Sie sollen lediglich einen Bezugsrahmen abgeben, um das Tagebuch historisch zu situieren.

Margaret Gray Blanton
Nashville, Tennessee

Einleitung

Was hieß es, Freuds Patient zu sein, Analysand des Schöpfers der Psychoanalyse? Die Frage ist um so interessanter, wenn sie einem Patienten gestellt wird, der selbst Psychiater war. Freud hatte eine lange Berufskarriere. Er behandelte Patienten buchstäblich bis zu der Zeit seiner schließlichen Entkräftung, bis zu seinem Tod. Obwohl seine Patienten zahlreich waren, gibt es von diesen nur wenige Berichte über ihre Behandlung bei Freud.

In gewisser Hinsicht ist dies durchaus verständlich. Der Patient, der sehr intensiv in seine eigene Therapie involviert ist, ist kaum in der Lage, eine distanzierte Position einzunehmen, und den analytischen Prozeß kritisch zu verfolgen. Auch kann er den Analytiker, mit dem er sich in einer emotionalen Interaktion befindet, nicht objektiv studieren.

Ohne sie je zu verbieten, riet Freud ab von öffentlichen sowohl als auch privaten Enthüllungen dessen, was in der psychoanalytischen Stunde vor sich ging. Es ging Freud nicht darum, *es* geheimzuhalten. Vielmehr konnte ein Außenstehender kaum richtig ermessen und verstehen, was sich wirklich abspielte, faktisch wie dynamisch — es sei denn, er könnte in alles eingeweiht werden, was zwischen dem Analysanden und dem Analytiker vor sich geht, was natürlich absolut unmöglich ist. Freud erläuterte auf adäquate Weise in Büchern und Artikeln den Prozeß der psychoanalytischen Behandlung, indem er sich auf bestimmte Fälle bezog, doch handelte es sich hierbei um die Darstellung des Therapeuten und nicht um die des Patienten. In letzter Zeit haben einige mutige ehemalige Patienten, zumeist Publizisten von Beruf, über ihre Analysen geschrieben. Einige ihrer Aufzeichnungen sind interessant zu lesen, doch sind sie in der Tat selten mehr als Karikaturen oder gewissermaßen fiktive Skizzen ihrer therapeutischen Erfahrungen.

Wie sieht es nun aber bei den psychiatrischen Analysanden aus? Nur wenige haben über ihre Erfahrung mit Freud geschrieben und sie berichten, wie zu erwarten, mehr über die Person Freuds als über den Psychotherapeuten Freud, weniger über ihre Fallgeschichte und mehr über den Eindruck, den Freud auf sie machte. Wenn man solche »Enthüllungen« liest — zum Beispiel die von Adolf Stern, Roy Grinker, und, um eine merkwürdige noch hinzuzufügen, die von Joseph Wortis — so beeindruckt einen die Tatsache, daß das Beobachtete, wie zu erwarten, von der Persönlichkeit und dem Charakter des Beobachtenden abhängig ist. Solche »Enthüllungen« summieren sich jedoch nicht zu einem paradoxen Porträt Freuds, sondern vertiefen das Bild von Freuds komplexer Persönlichkeit.

Diesem Bild fügt Smiley Blantons *Tagebuch meiner Analyse bei Freud* einen einzigartigen und kostbaren Beitrag hinzu. Denn Blanton selbst war einzigartig und kostbar. Davon hat mich meine enge Beziehung zu Blanton, die dreißig Jahre währte, überzeugt.

Ich traf Smiley zum erstenmal in den späten zwanziger Jahren. Zu jener Zeit lehrte ich an der New Yorker Universität über Verhaltensprobleme von Kindern. Doch mangelte es mir sehr an einem relevanten Lehrbuch, und auf der Suche danach stieß ich auf die kürzlich veröffentlichte Arbeit von Smiley und Margaret Blanton mit dem Titel *Child Guidance*. Das Buch machte einen großen Eindruck auf mich und ich legte es als Text zugrunde.

Smiley arbeitete damals an dem Vassar College. Kurz darauf erfuhr ich, daß Smiley Vassar verlassen hatte und in New York City lebte. Ich lud ihn ein, vor meiner Studentengruppe einen Vortrag zu halten, was er bereitwilligst tat. Ich war von dem Mann sehr angezogen. Er war nicht nur sehr bewandert, bedächtig und originell, sondern auch vollkommen aufrichtig und sympathisch. Er hatte einen spielerischen Humor, den er ohne feindselige Absicht anwandte, doch verdammte er ohne Umschweife Böswilligkeit, Prätention und Unaufrichtigkeit. Selbst in seinen späten Jahren steckte in ihm noch viel von einem überschwenglichen Jungen, und auch viel von einem Dichter.

Ich möchte an einen interessanten Vorfall erinnern, der Smileys menschliche Qualitäten widerspiegelt. Als Smiley noch ein Neuling war, fragte ich einmal A. A. Brill, was er von Smiley hielte. Brill erwiderte, daß er zunächst einige Vorbehalte ihm gegenüber hatte. Smiley behandelte gerade einen jungen Schizophrenen, den Brill für eine individuelle Behandlung für ungeeignet hielt. Tat er das aus finanziellen Erwägungen? Später stellte Brill fest, daß Smiley den Jungen umsonst behandelte. Er wollte herausfinden, was er für den scheinbar hoffnungslosen Jungen tun konnte.

Von Interesse ist ein weiterer Vorfall. Ungefähr um die gleiche Zeit wurde ich gebeten, eine junge Frau, die eine sehr interessante und gebildete Person aus vornehmem Hause war, zu behandeln. Ich hielt es für das beste, ihre Behandlung nicht zu übernehmen, da ich einem der älteren Mitglieder der Familie zu nahe stand. Statt dessen überwies ich sie an Smiley, der sie mit großem Erfolg behandelte. Wichtig an dieser Erinnerung ist, daß Smiley zu dieser Zeit keine Patienten hatte, und daß die eine Patientin, die ich ihm überließ, entweder überhaupt seine erste war oder zu seinen ersten in der Stadt zählte.

Natürlich wußte ich das nicht, als ich ihm den Fall überwies, aber Smiley maß meiner Handlung große Bedeutung bei und hin und wieder überschüttete er mich auf überschwengliche Weise mit unverdienter Dankbarkeit. Er war tatsächlich eine äußerst großzügige Seele!

Smileys Beziehungen zu dem Reverend Norman Vincent Peale, seine gemeinsamen Studien mit Margaret Blanton über die »wunderbaren Heilungen« in Lourdes, sein lebenslanges Interesse an Dichtung und dramatischer Literatur, seine Liebe zu Tieren im allgemeinen und zu Vögeln im besonderen — all dies sind Facetten dieses einzigartigen Individuums, dessen Notizen über seine Analyse bei Freud hier veröffentlicht werden. Diese Notizen bringen keine neuen oder verblüffenden Enthüllungen, aber sie verschaffen das

Vergnügen, einen einzigartigen und großen Mann mit den Augen eines anderen zu sehen.

Iago Galdston, M. D.

Smiley Blanton

Tagebuch meiner Analyse bei Sigmund Freud

Berchtesgaden
Grand Hotel

1. September 1929

Gestern sah ich Professor Freud zum erstenmal. Ich war um drei Uhr mit ihm verabredet. Es verdroß mich sehr, daß ich zu spät kam. Trotz wiederholter Versicherungen bei unserer Abfahrt vom Hotel erwies es sich, daß mein Taxifahrer nicht wußte, wo sich das Haus von Freud befand. Als wir es schließlich fanden, war es bereits zwanzig Minuten nach drei.

Ich war ziemlich ängstlich, was den Beginn meiner Analyse betraf. Mein Widerstand äußerte sich teilweise darin, daß ich mich am Morgen leicht in den Finger schnitt, und einen, wenngleich nicht übermäßig starken, Anfall von Magenverstimmung erlitt, was für mich typisch ist, sobald ich mich in einer nervösen oder emotional angespannten Verfassung befinde.

Freud lebt in einer kleinen Villa inmitten von Kiefernwäldern ungefähr vier Meilen von Berchtesgaden entfernt. Ich ging hinauf zur Veranda, konnte jedoch weder Klingel noch Türklopfer finden. Die Vordertür stand indes offen, und ich klopfte zaghaft an die Glasscheibe. Nach zwei oder drei Minuten hörte ich, wie sich jemand im Raum neben der Diele bewegte. Wenige Sekunden später erschien, zerbrechlich und von kleiner Statur, ein grauhaariger Mann mit einem grauen Bart und trat auf mich zu. Obwohl er älter aussah als auf den Fotografien, die ich von ihm gesehen hatte, erkannte ich in der sich nähernden Person Freud. In seiner Hand hielt er eine Zigarre, und in seinem Verhalten bei seiner Begrüßung lag etwas beinahe Mißtrauisches.

»Sind Sie Dr. Blanton?« sagte er leise. Seine Aussprache war etwas undeutlich, zweifelsohne wegen der Krebsoperationen am rechten oberen Kiefer. Als ich seine Frage bestätigend beantwortet hatte, fügte er hinzu: »Ich dachte, wir wären um drei Uhr verabredet gewesen.«

In seiner Stimme lag keinerlei Gereiztheit, doch spürte ich, daß er dabei war, mich zu messen und sich zu fragen, welche Art von Mensch ich sei, und warum ich ihn habe warten lassen. Mittlerweile hatte er mich in den Raum neben der Diele gebeten. Ein wenig atemlos erklärte ich ihm, daß der Taxifahrer sein Haus nicht hatte finden können. Gleichzeitig überreichte ich dem Professor den Brief von Dr. McCord, den ich Freud, sobald ich ihn sehen würde, geben sollte.

»Da ich Ihren Namen erwähnt sehe, werde ich den Brief lesen!« sagte Freud, nachdem er mich dazu bewegt hatte, Platz zu nehmen.

Ich schaute mich im Zimmer um. Es war sehr schlicht, auf dem Fußboden nur ein kleiner Läufer. Ein Schreibtisch vor dem Fenster. Zur Rechten des Schreibtischs an der Wand eine bequeme Couch, auf welcher Decken lagen, und auf deren Kopfende entweder ein Schal oder eine weiche zusammengefaltete Wolldecke sich befand. Hinter der Couch stand ein mit Leder bezogener Stuhl mit gerader Rückenlehne.

Nachdem er den Brief gelesen hatte, ließ mich Freud auf der Couch Platz nehmen, während er sich auf dem Stuhl am Kopfende niederließ.

»Sie haben über Analyse geschrieben und gesprochen«, begann er nachforschend. Ich beeilte mich, dies zu verneinen.

»Aber Sie haben darüber gelesen.«

»O ja«, erwiderte ich.

»Nun, wie läuft sie ab?«

Ich erwiderte, der Patient läge auf der Couch, mit dem Analytiker an deren Kopfende, und spräche all das aus, was ihm durch den Sinn ginge. Auch erwähnte ich, daß der Patient vollkommen entspannt sein sollte. Ich selbst war jedoch — halb sitzend, halb auf der Couch liegend, — ziemlich verkrampft.

»Nun denn«, sagte Freud, »warum entspannen Sie sich nicht?« Ich legte mich etwas bequemer hin.

Während Freud den Brief las, rauchte er in kurzen Zügen, wobei er die Zigarre häufig aus dem Mund nahm und geräuschvoll mit den Zähnen knirschte, als ob ihn seine Gaumenplatte schmerzte.

Nachdem ich mich entspannt hatte, sagte Freud: »Es wird Sie vielleicht verwundern, warum ich so wenig spreche und Ihnen so wenig helfe.«

Sodann begann ich, Freud meine Gedanken mitzuteilen, wie sie mir in den Sinn kamen. Zunächst sprach ich über meinen Verdruß wegen des Zuspätkommens. Dann erzählte ich ihm, daß ich glücklich wäre, mit ihm zusammensein zu dürfen, daß ich ihn immer geschätzt hätte, während ich gegen Jung und Adler immer eine Antipathie empfunden hätte. Als mich Freud nach dem Grund fragte, erwiderte ich, daß ich es nicht so recht wüßte, sondern einfach so fühlte.

Dann sprach ich von meinem Gefühl der Unsicherheit. »Im Hinblick worauf?« fragte Freud.

»Hinsichtlich meines Lebens im allgemeinen«, antwortete ich und schlug vor, daß ich ihm am besten einen Überblick über mein vergangenes Leben geben sollte. Freud stimmte dem zu, und so skizzierte ich in groben Zügen mein Leben. Gelegentlich unterbrach mich Freud, um über einige auftauchende Punkte Genaueres zu erfahren. Er schien dabei in ständiger Tuchfühlung mit dem zu sein, was ich ihm berichtete. Ich spürte sein Interesse, und daß er das aufnahm, was ich ihm mitteilte. Nichts von jener kalten Distanz, von der ich meinte, daß sie die vom Analytiker einzunehmende Haltung sei.

Im weiteren Verlauf der Stunde gab mir Freuds einfache Art das Gefühl von Sicherheit und Ruhe. Dennoch bestand eine Distanz, welche auf mich jedoch nicht abstoßend, sondern angenehm wirkte. Ich sprach, bis ich eine Uhr vier schlagen hörte. Ich erhob mich sofort, wobei ich mitten im Satz abbrach.

»Es tut mir leid, daß die Stunde so kurz war«, sagte Freud, als er mich zur Diele begleitete. Er fragte mich, ob ich den Weg zur Haltestelle wüßte, was ich ihm versicherte. Dann sagte ich: »Darf ich Sie fragen, wie lange Sie hierbleiben werden?« »Ich reise am 15. September!« erwiderte Freud, »aber ich gehe dann für einen Monat nach Berlin.« Mit einem Achselzucken fügte er hinzu: »Sie können mich entweder begleiten oder aber warten, bis ich nach Wien zurückkehre.«

Ich versicherte ihm, daß ich ihn begleiten würde, da ich in der Zeit meines Europaaufenthaltes so viel als möglich mit ihm arbeiten wollte. Ich gab ihm die Hand und mit der Bestätigung, daß die nächste Sitzung am Montag sein würde, ging ich. Freud arbeitet am Sonntag nicht.

Bei diesem ersten Treffen hatten mich an Freud am meisten beeindruckt seine kleine Statur, sein zurückhaltendes, fast abweisendes Verhalten, und die Art, mit der er einem das Gefühl der Erleichterung vermittelt, die jedoch einhergeht mit einer Distanz, die einem ein ungezwungenes Sprechen über sich selbst ermöglicht. Auch hatte mich seine Gebrechlichkeit beeindruckt. Sein Schädel ist teilweise kahl, sein Kopf nicht groß und seine Stirn, obgleich hoch, nicht genauso hoch wie meine. Ich sollte hinzufügen, daß er das Englische hervorragend beherrscht, ein glücklicher Umstand für einen Amerikaner, der fast kein Deutsch versteht.

2. September 1929

Heute war ich pünktlich. Ich war um zwei Uhr fünfzehn mit der Straßenbahn losgefahren und zu dem Haus gelaufen. Dort wartete ich neunundzwanzig Minuten, bevor ich zur Veranda ging. Dort saß ich einige Minuten auf einem Stuhl, bis Freud kam und mich hereinbat. Er war herzlich und freundlich, doch distanziert.

Ich ließ mich sogleich auf der Couch nieder, und Freud setzte sich wie zuvor an deren Kopfende.

»Fangen Sie an, als sei dies ein Neubeginn und nicht die Fortsetzung vom letzten Mal!« begann Freud.

Ich sagte zunächst, ich hätte das Gefühl, daß meine Colitis mucosa und der Schnitt in den Finger (ich hatte mich auch an diesem Morgen in den Finger geschnitten) vom Widerstand herrührten.

»Vielleicht«, sagte Freud, »dafür gibt es viele Motive. Eines davon ist vielleicht der Widerstand.« Er meinte natürlich, daß der Widerstand eines der Motive war, welches die Colitis und die Verletzung am Finger verursachte.

Sodann begann ich ihm zu erklären, warum ich ihn schätzte, Jung und Adler hingegen nicht. Er sei sowohl Künstler als auch Wissenschaftler; Jung und Adler könne ich deshalb nicht leiden, da jener immer den moralischen Faktor ins Spiel bringe, und dieser Anerkennung erworben hätte für etwas, was ich in den Minneapolis-Schulen geleistet hätte.

»Was haben Sie von mir gelesen?« fragte Freud.

»Alles, was ins Englische übersetzt worden ist.«

»Nicht alles ist ins Englische übersetzt worden«, kommentierte er. Dann fragte er mich, was ich von Jung und Adler gelesen hätte. Ich nannte ihm die Bücher.

Anschließend gab ich ihm einen kurzen Bericht über mein Leben und meine Ausbildung.

Freud unterbrach mich: »Haben Sie dies präpariert?«

»Ja«, erwiderte ich.

»Aber«, sagte Freud, »Sie sollten nicht präparieren, wovon Sie in der Stunde sprechen, sondern frei mitteilen, was Ihnen durch den Sinn geht. Das ist die klassische Methode!«

Für einige Augenblicke war ich still — worauf hin Freud sagte: »Also fahren Sie mit dem fort, was Sie präpariert haben!« Er stellte einige Fragen über Daten und verstand das Wort »Argonne« erst, nachdem ich es einige Male wiederholt hatte. Bei Gelegenheit fragte mich Freud, ob ich Kinder hätte. Als ich dies verneinte, gab er eine mitleidsvolle Bemerkung, oder vielmehr einen Ausruf von sich. Ich erzählte ihm von meinem Hund Bobs und meiner Zuneigung zu ihm.

»Das Gefühl für Hunde ist das gleiche wie für Kinder. Es

ist von derselben Art«, sagte Freud, »aber wissen Sie, worin es sich unterscheidet? . . . Es gibt keine Ambivalenz, kein Element der Feindseligkeit.«

Ich bemerkte, daß ich manchmal doch Feindseligkeit empfände, zum Beispiel wenn der Hund runtergehen wolle, ich aber müde sei und keine Lust dazu habe.

»Dies Gefühl der Feindseligkeit ist nicht solcher Art, wie wir es unseren Kindern gegenüber haben«, sagte Freud.

Ich gab nach. Doch ich denke immer noch, daß Freud nicht im Recht war mit seiner Behauptung, wir könnten gegenüber Hunden nicht ambivalent sein. Sie stellen Ansprüche, gehorchen nicht und enttäuschen uns und geben uns deshalb Anlaß zu einer gewissen Feindseligkeit.

Einmal erwähnte ich, daß ich mir Namen nicht merken könnte. »Ah«, sagte Freud. Ich versuchte, mich an den Namen eines seiner Bücher zu erinnern, das ich in meinem Unterricht benutzt hatte, und ich fügte hinzu, daß Rom der Schauplatz sei. »Vielleicht«, meinte Freud, »war es Pompeji.« Er hatte recht, und das Buch erwies sich als die *Gradiva.* Sodann sprach ich von Dr. Salmon. Auf eine Feststellung von mir hin sagte Freud: »Es wird fast überall angenommen, daß er sich das Leben nahm.« Ich ließ eine kurze Weile verstreichen und bemerkte dann, daß ich an meine Kindheit dächte und an Herbsttage wie diese. Freud erhob sich und sagte: »Dann werden Sie es hier vielleicht schön finden.«

Mir war es entgangen, daß die Stunde zu Ende war; ich hatte auf den Glockenschlag gewartet. Tatsächlich war es fünf Minuten vor vier. Freud begleitete mich bis zur Tür und sagte: »Also dann morgen zur gleichen Zeit.« Ich erwiderte, daß mir das sehr gelegen käme, und Freud eilte zur Veranda, als ob er dort einen anderen Patienten erwartete.

Ich fühlte mich ein wenig deprimiert und enttäuscht. Ich weiß nicht warum; nichts war gesagt oder getan worden, um mich zu deprimieren. Vielleicht war es das Wissen, daß ich mich nun bald in meine wirklichen Schwierigkeiten und

Schwächen werde vertiefen müssen. Ein anderer Eindruck, den ich mitnahm, war Freuds Schwierigkeit zu sprechen. Des öfteren konnte ich nicht verstehen, was er sagte, obgleich er es mehr als einmal wiederholt hatte. Vielleicht sind daran meine Widerstände schuld; vielleicht werde ich mich mit der Zeit an seine Sprechweise gewöhnen.

Ich darf nicht unerwähnt lassen, daß ich während der Stunde die Bemerkung hatte fallen lassen, ich könne von jemandem ohne Verständnis und Feingefühl für die Nuancen des Lebens nicht analysiert werden. Sodann erzählte ich Freud den Witz von dem Mann, der die Hand dessen geschüttelt hatte, der die Hand von John L. Sullivan geschüttelt hatte. Freud war sehr amüsiert.

Dann sprach ich von meinem Mitleid für die armen Schlammschildkröten, welche bei der Fortbewegung ihren schweren Panzer mit sich schleppen müßten.

»Vielleicht fühlt sich die Schildkröte gar nicht so unglücklich, wie Sie meinen«, sagte Freud.

Ich sprach von meiner Pingeligkeit, was das Essen anbelangt und von meiner Geräuschempfindlichkeit, wobei ich hinzufügte, daß ich diese durch einen Willensakt überwunden hatte, als ich in der Armee war. Ich sagte: »Dies zeigt, was durch Willenskraft erreicht werden kann, wenn man es nur versucht.«

»Manchmal«, sagte Freud. Dem fügte ich hinzu: »Ja, wenn man das Unbewußte auf seine Seite zieht.« Dem stimmte Freud zu. Im Verlauf der Stunde fragte mich Freud, ob ich schriftstellerisch tätig sei, wobei er Geschichten oder sonstige fiktive Texte meinte. (Er hat dies gefragt, nachdem ich ihm von meinem Versuch in Harvard berichtet hatte, eine Geschichte über einen Negerjungen zu schreiben, den sich die anderen Jungen zur Zielscheibe des Gespötts genommen hatten.) Ich erwiderte, ich hätte es wohl versucht, aber eingesehen, daß ich dazu nicht genügend talentiert sei. Vielleicht, so fügte ich hinzu, sei ich deshalb in die Psychiatrie gegangen.

3. September 1929

Heute bin ich beinahe zu spät gekommen. Ich war gelaufen und mußte dann eilen, um noch rechtzeitig zu kommen. Ich schaffte es mit einer Minute Verspätung.

Freud begrüßte mich in der Diele und mit seiner üblichen, ein wenig abweisenden Verbeugung wies er auf einen Stuhl, damit ich dort Hut und Stock ablegen könnte. Wir traten ein, wobei er mir wie üblich den Vortritt ließ. Ich begab mich gleich auf die Couch und entschuldigte mich für meine staubigen Schuhe. Meine Entschuldigung beiseiteschiebend fragte mich Freud, ob ich für diese Stunde etwas präpariert hätte. Ich verneinte dies; ich verspürte eine dahingehende Tendenz, hatte mir dies jedoch resolut aus dem Kopf geschlagen; ich sprach von meinem Vorurteil Deutschen gegenüber und von all dem Haß auf der Welt. Ich bedauerte auch die Tatsache, daß ich mich hatte verleiten lassen, sämtliche Lügen, die man mir über die Deutschen erzählt hatte zu glauben. Freud kommentierte, daß es noch mehr Menschen gäbe, die desgleichen täten. An dieser Stelle sprach ich so schnell, daß mich Freud unterbrach und bat, etwas leiser und langsamer zu sprechen. Er sagte, daß er Schwierigkeiten hätte mich zu verstehen, wenn ich so schnell spräche. Ich sprach dann über Margaret, und darüber, daß unsere Kinderlosigkeit uns unglücklich mache. Freud schien an meiner Beschreibung Margarets sehr interessiert zu sein und stellte mehrere Fragen. Ich erwähnte ihre Theorie, daß der weibliche Orgasmus nicht so klar umschrieben sei wie üblicherweise dargestellt. Freud bemerkte, daß ihre Einstellung genau das wiedergäbe, was üblicherweise geschrieben würde. Ich sagte, daß dies nicht zuträfe, hinsichtlich der Bücher, die wir gelesen hätten, welche nicht die üblichen wären.

Ich sprach von Margarets Analyse, die sie bei Clara Thompson begonnen hatte. Freud bat mich sogleich, ihm den Namen zu wiederholen, wobei er sagte, er wäre ihm nicht bekannt. Ich erzählte, daß Clara von Ferenczi analysiert worden sei. »Ah«, sagte Freud in einem Ton offensichtlicher Zufriedenheit.

Damit schloß die Stunde. Freud erhob sich, sagte: »Heute ging es viel besser. Sie waren viel freier als zuvor«, und geleitete mich nach draußen.

4. September 1929

Heute eine sehr interessante Stunde mit Freud. Ich litt immer noch an Colitis. Ich hatte nichts zu Mittag gegessen und war sehr müde.

Freud war besonders zuvorkommend. Ich glaube, er mag mich und findet mich interessant. In der Tat, er gab dies zu verstehen — »Es ist sehr interessant« —, als ich heute fertig war. Ich hatte über Geld und meine Finanzen gesprochen und dabei erwähnt, daß ich zwanzigtausend Dollar besäße.

»In Ihrem Alter«, sagte Freud, »hatte ich nicht so viel.«

Ich fragte Freud, ob Margaret, welche tausend Dollar gespart hatte, einen Analytiker finden könnte, der für die Stunde ein Honorar zwischen fünf und zehn Dollar nähme. Er sagte, dies würde reichen.

Ich sprach von der Situation in Vassar, und fügte hinzu, daß ich nicht die Absicht hätte, dort zu bleiben, sondern in New York City eine Praxis eröffnen wollte. Ich erklärte ihm, daß ich mich dem beschränkten Programm dieses Frauencolleges nicht unterwerfen wolle. Freud gab einen Ausruf von sich; es war nicht eigentlich ein Wort, drückte jedoch sein Einverständnis mit meiner Entscheidung aus. Als ich bemerkte, daß ich nicht den geringsten Zweifel an meinem Weiterkommen hätte, sagte Freud: »Ich war überrascht von Ihrem häufigen Wechsel des Arbeitsplatzes. Ich hätte vermutet, daß Sie bei Ihrem Gefühl der Unsicherheit an einem Ort bleiben würden.«

Ich sprach über Ärzte, welche ohne eine adäquate Gegenleistung Geld machten, und gab meiner Verwunderung über die Situation zwischen H. und Dr. Q. Ausdruck. Freud versuchte, mir bei der richtigen Aussprache des Namens von Q. behilflich zu sein. Dann sagte er: »Wissen Sie, wie er es macht?« Ich wartete ab. »In seiner manischen Phase begeht er Indiskretionen und in seinen depressiven Phasen behandelt er die Patienten. Aber«, fuhr er fort, »er leidet dafür in seinen Depressionen.«

Die Uhr schlug vier, ich stand auf, obwohl es tatsächlich wiederum erst fünf Minuten vor vier war. »Wie Sie möchten«, sagte Freud, und indem er mir die Hand reichte, fügte er hinzu: »Das ist sehr interessant. Sie müssen geduldig sein. Wir werden auf tiefere Schichten stoßen, und dann werde ich nicht mehr so wortkarg sein, sondern mehr von mir geben.«

Ich vergaß, daß ich von meiner Kahlköpfigkeit sprach. Ich fügte hinzu, daß ich schon mit einundzwanzig Jahren kahl gewesen sei, mich dies aber nicht störe, da mein Kopf wohl geformt sei. »Ja«, sagte Freud, »dies habe ich bemerkt.«

Als ich über meine finanziellen Angelegenheiten zu sprechen begann, bemerkte Freud, dies sei die »anale Seite«. Ich gestand, daß ich ungern darüber spräche, aus Angst, daß es Freud in der Berechnung der Stunden beeinflussen könnte.

»Ihre kritische Einstellung sollte sich nicht hemmend auf Ihre Einfälle auswirken«, warnte er behutsam.

Ich erzählte ihm, wie glücklich ich sei, mit ihm zusammen zu sein, worauf er erwiderte: »Dr. Amsden hat sich so wohlwollend über Sie geäußert, daß ich mich freute, Sie zu haben.« An dieser Stelle bemerkte ich, daß ich vieles geopfert hätte, um nach Europa zu kommen. »Ich weiß dies«, sagte Freud, »und ich hoffe, es wird sich bezahlt machen.« Sodann sprach ich von meinem Wunsch nach einer Schule, in der fortgeschrittene Jugendliche unterrichtet würden, und in der die Lehrer sich alle einer Analyse unterzogen hätten. Freud sagte: »Dies wäre sehr wichtig.« Er fügte noch etwas hinzu, etwa in dem Sinn, daß dies eine gute Idee wäre und eine solche Schule sehr von Nutzen.

Als ich nochmals auf meine Colitis zu sprechen kam,

meinte Freud, daß diese vielleicht von der Hitze herrühre. *Kein einziges Mal schlug er vor, daß sie auf einen Widerstand zurückzuführen sei.*[1]

5. September 1929

Heute zeigte ich viel Widerstand, indem ich nur über Nebensächliches sprach. Freud schien etwas gelangweilt. Dies ist vielleicht nicht das passende Wort. Jedenfalls war er nicht zufrieden.

Ich kritisierte mich selbst in meinem kindlichen Verhalten. Freud sagte: »Sie wissen doch, wie der Widerstand sich unter anderem äußert? ... In Selbstanschuldigung und in Selbstkritik.«

Gegen Ende der Stunde sagte Freud: »Darf ich Ihnen eine indiskrete Frage stellen: wie schlafen Sie nachts?« Ich erwiderte, daß ich schlecht schliefe und während der ganzen Nacht alle zwei Stunden aufwachte.

»Träumen Sie?«

»Ja, häufig. Letzte Nacht hatte ich einen Traum.«

Freud: »Warum haben Sie darüber nicht gesprochen?«

»Ich wollte warten, bis ich ihn bei meinem Aufwachen niederschreiben könnte.«

»Das sollten Sie nicht tun«, sagte Freud, »wenn man ihn aufschreibt, wird der Widerstand so stark, daß man ihn oft nicht mehr analysieren kann. Nein. Schreiben Sie den Traum nicht auf. Wenn der Widerstand ihn mit sich nimmt, so soll er es tun.«

Ich begann, ihm einen vor längerer Zeit geträumten Traum zu erzählen, doch er unterbrach mich.

»Wir brauchen rezente Träume, solche, die Sie in der vorausgehenden Nacht geträumt haben«, sagte er. »Aber wir wollen den Traum der vergangenen Nacht im Sinn behalten und ihn morgen analysieren, es sei denn, Sie träumten einen anderen.« Ich wollte ihm den Traum in groben Zügen skizzieren, doch sagte er, daß es dafür zu spät sei, da die Zeit schon abgelaufen.

Beim Gehen legte er seine Hand auf meinen Arm und sagte: »Für einen Analytiker ist es eine schöne Portion Widerstand, seine Träume nicht zu erzählen!«

Während der Stunde hatte ich über meinen Schmerz gesprochen, den ich angesichts des Leidens und der Armut in London empfunden hatte. »Was werden Sie von der Armut in Wien denken!« warf Freud ein. Ich sagte ihm, daß mein Gefühl dem gleiche, das ich mit sechs Jahren hatte, als ich in der Schule für den Jungen mit dem fliehenden Kinn Mitleid empfand. Dann bemerkte ich, daß mein Gefühl vielleicht eine Überkompensation für meinen Sadismus sei. »Indes«, fügte ich hinzu, »nehme ich doch an, daß es so etwas wie fundamentale Gefühle oder Empfindungen der Sympathie gibt, die nicht kompensatorisch sind.«

»Ja natürlich«, sagte Freud.

Freud hat eine Art, ein ganz bestimmtes Geräusch in seiner Kehle zu machen — eine Art Grunzen oder Ausruf — um anzudeuten, daß er mit einem übereinstimmt oder sympathisiert, ohne dabei so viel zu sprechen, daß man in seinem eigenen Sprachfluß gehindert wird.

Beinahe vergaß ich zu bemerken, daß Freud sagte: »Wenn Sie Ihre eigenen Träume studieren wollen, dann müssen Sie diese niederschreiben. Aber als Patient sollten Sie dies nicht tun. Ich habe früher Patienten dazu angeleitet, dies zu tun, doch ich bin sicher, daß es das Vernünftigste ist, es bleiben zu lassen.«

6. September 1929

Heute eine sehr interessante Stunde gehabt. Mitten in der Analyse meines Traumes fragte Freud: »Wissen Sie, weshalb Ihr Widerstand so groß ist?«

»Nein — es sei denn, der Traum stünde irgendwie in Verbindung mit meinem Sexualleben«, erwiderte ich.

»Nein, er ist wahrscheinlich mit Ihrer Analyse verknüpft«, sagte Freud. »Ich habe herausgefunden, daß das Auto in Träumen oft die Analyse bedeutet. Sicher bin ich mir zwar nicht, aber es scheint so zu sein. Und der Mann am Steuer könnte ich sein.«

Ich sagte, dies sei schon möglich, aber es fiele mir schwer zu glauben, daß ich Freud in solch ungünstigem Licht sehen könnte, selbst in meinem Unbewußten.

»Warum nicht?« konterte Freud.

Ich machte den Vorschlag, daß die Assoziation meine Angst bedeuten könnte, in der Analyse um das betrogen zu werden, was ich von ihr erwartete. Freud sagte, daß dies wahrscheinlich so sei.

Beim Gehen bemerkte Freud: »Sehen Sie, wie interessant es ist, wenn Sie zu Ihren Träumen assoziieren.«

Wieder beeindruckt mich Freuds sanftes und ruhiges Verhalten. Er drängt einen nicht. Selten macht er emphatische Feststellungen. Und wenn, dann auf eine sehr zurückhaltende Art und Weise. Ich fühle mich wohl bei ihm.

7. September 1929

Dies ist mein achter Tag mit Freud. Während ich meine Träume analysierte, begann ich meine Handlungen, die durch die Assoziationen zutage kamen, zu begründen.

Freud unterbrach mich. »Geben Sie keine Gründe an«, sagte er. »Sie werden schon mit der Zeit auftauchen. Erzählt mir jemand etwas, so versuche ich nicht, die Gründe dafür zu finden. Ich weiß, daß sie beizeiten erscheinen werden. Es gibt ein Wort, das, glaube ich, von Oliver Cromwell stammt: ›Nie kommt man so weit, wie wenn man nicht weiß, wohin man geht.‹ Das trifft genau auf die Analyse zu.« Ich sprach noch über etwas, was ich getan hatte und sagte, daß es, wenn man die Begleitumstände außer acht ließe, einen schlechten Eindruck machen würde.

Darauf Freud: »Die Tatsache ist doch das Entscheidende, nicht wahr?«

9. September 1929

Am Samstag war mein Widerstand stark und ich kam nicht sehr weit.

Freud sagte: »Die richtige Art, mit dem Widerstand umzugehen, ist es, ihn wachsen zu lassen, bis er sich selbst besiegt. Die heutige Stunde war absolut unfruchtbar.« Doch um mich zu ermutigen, sagte er beim Abschied: »Es dauert seine Zeit, bis man die richtige Einstellung gefunden hat und den Widerstand überwinden kann. Ich bin aber überzeugt, daß Sie von großer Hilfe sein werden, um ihn zu überwinden.«

Einmal unterbrach mich Freud in der Stunde und fragte mich, ob Juden nicht in die gleiche Kategorie wie Neger einzuordnen seien. Ich sagte, ich sei diesem Vergleich noch nie begegnet. »Ich aber oft«, sagte Freud.

10. September 1929

Ich zeigte Freud eine Notiz in der New York Herald über Vorlesungen von Adler an der Columbia Universität in diesem Winter. Freud bemerkte, daß das Bild Adler nicht ähnelte. Ich sprach über meine Abneigung gegenüber Adler. »Nun«, sagte Freud, »Sie sollten herausfinden, ob Ihre Abneigung gegen Adler wissenschaftliche oder mehr persönliche Gründe hat.«

Ich sagte, daß Emerson schon vor vielen Jahren über Kompensation geschrieben habe, und daß Adler unserem Wissen vom Verhalten nichts hinzugefügt hätte.

»Wenn jemand eine alte Idee aufgreift«, sagte Freud, »sie entwickelt und erweitert, so ist das eine lohnende Sache.« Später bemerkte er: »Wissen Sie, warum Adler in Amerika solchen Erfolg hat? . . . Weil er aus der Opposition gegen die Analyse Kapital schlägt. Im Fall von Jung liegt das etwas anders.«

Jungs letztes Buch, so bemerkte ich, sei voller Mystizismus.

»Ja, Jung glaubt alles über Geister«, sagte Freud.

Ich erzählte Freud, daß meiner Meinung nach die Analyse sich in den nächsten zehn Jahren in ganz Amerika ausbreiten würde. »Nein«, entgegnete er, »ich glaube, es wird zwanzig oder dreißig Jahre dauern — eine Generation nehme ich an.« Ich äußerte meine Zweifel.

Freud sprach davon, wie begierig Amerika solche Faxereien wie Coueismus oder Adlers Arbeiten aufgriff. Ich sagte, daß W. F., mit seiner verwässerten Analyse, der analytischen Bewegung schade.

»Es wird immer solche Leute geben«, sagte Freud. Ich sagte, daß ich der Meinung wäre, daß die Bewegung schneller wachsen werde als er, Freud, annehme. Davon wäre ich fest überzeugt.

Freud erwiderte: »Sie sollten es auch sein, sind Sie doch so viel jünger.«

Ich hatte drei Träume gehabt. Freud bat mich, sie alle zu erzählen, und kommentierte: »Sie haben Ihre Träume von sieben auf drei reduziert.«

Ich assoziierte, auf seine Bitte hin zu dem ersten Traum. Er handelte von meiner Angst vor der Analyse. Am Ende der Stunde sagte Freud: »Sehen Sie, ein Traum genügt für eine Stunde.«

Es beeindruckt mich, wie wenig Hilfestellung Freud gibt. Oft schweigt er für zehn oder fünfzehn Minuten. Es ist eine Sache der Erfahrung, ich muß vorwärts kommen und tun, was ich kann.

16. September 1929

Hatte nicht die Gelegenheit, über mein Treffen mit Freud am Freitag zu berichten.

Hatte heute eine höchst interessante Stunde. Freud sprach die meiste Zeit, mindestens die Hälfte der Stunde. Nachdem ich zu einigen Zahlen zu meinem Traum vom Freitag assoziiert hatte, sagte Freud:

»Es gibt in der Analyse diese Regel: der Analytiker sollte sich nie selbst darum bemühen, dem Patienten die exakte Bedeutung ausfindig zu machen. Darum sollte er sich nicht kümmern. Er braucht dem Patienten nur bei der Überwindung von Widerständen behilflich zu sein, und dann wird der Patient die Bedeutung schon selbst finden. Denn drängt der Analytiker den Patienten dazu, die Bedeutung herauszufinden, oder versucht er ihm dabei zu helfen, so verstärkt er nur dessen Widerstand.«

Es widerstrebte mir, einige meiner unbewußten Assoziationen zu erwähnen, und ich begann, Ausflüchte zu machen. Freud unterbrach mich, indem er sagte: »Darf ich Ihnen etwas mitteilen, was eine analytische Regel zu sein scheint?«

Sodann wiederholte er die Ermahnung, dem Unbewußten freien Lauf zu lassen und zwar ohne Einschränkungen. »Für Ihr Unbewußtes sind Sie nicht verantwortlich«, sagte er, »während Sie das Material zutage fördern, dürfen Sie es nicht moralisch beurteilen.«

»Dem Unbewußten«, so fuhr er fort, »muß bei Gericht, ebenso wie dem Bewußtsein, die Chance eingeräumt werden, für sich zu sprechen. Erst wenn beide Ausdruck gefunden haben, können Sie beurteilen, was Sie wünschen. Und erst wenn Sie sich Ihrer Selbstkritik entledigt haben, und sich nicht mehr darum kümmern, was der Analytiker denkt, können Sie die Tiefen des Unbewußten erreichen. Selbstkritik ist eine Form von Hemmung, und Entschuldigungen für das Unbewußte können zur Unsicherheit führen. Denn es ist nur ein Schritt von der Entschuldigung für das unbewußte Material bis zu der Unsicherheit darüber, was im Unbewußten sei.«[2]

9. November 1929

Eine lange Zeit berichtete ich in den Sitzungen mit Freud nur von Träumen. Vor zwei Tagen sagte er: »Haben Sie die Träume nicht satt? Sie sollten auch von dem berichten, was sich in Ihrem Bewußtsein abspielt.«

Heute erzählte ich zwei kurze Träume voller Bedeutung.

»Sehen Sie«, sagte Freud, »ein Traum muß nicht eine Meile lang sein, um wertvoll zu sein.«

Ich sagte, es sei schwer, durch eine Analyse hindurchzugehen.

»Mir scheint, daß Leute, welche selbst analysieren oder die analytische Literatur gelesen haben, sich ihre eigene Analyse oft schwer machen«, erwiderte Freud, »es fehlt ihnen an Naivität. Der Analytiker sollte realisieren, daß das Unbewußte, anders als das Bewußtsein keine Gegensätze kennt. Das Bewußtsein kennt schwarz und weiß, das Unbewußte weiß nichts von solchen Oppositionen. Für das Unbewußte ist es notwendig, sich freien Ausdruck zu verschaffen. Sollten wir auf unmoralische Einstellungen oder Eigenschaften stoßen, versuchen Sie nicht, deren Gegensätze herauszuklären. Wir sollten es vielmehr wertschätzen, daß wir in unserem Unbewußten unmoralische und wilde Wesen sind.«

»Dies beeinträchtigt keineswegs unsere menschliche moralische Würde und Leistung«, fuhr er fort. »Schließlich können wir, wenn das Unbewußte einen freien Ausdruck gefunden hat, beide Seiten miteinander versöhnen. Dies sollte jedoch nicht verfrüht geschehen und auch sollte nicht immer, wenn das Unbewußte zum Ausdruck kommt, sein Widerpart ins Spiel gebracht werden. Solcherart schüchtern wir nur das Unbewußte ein. Es muß frei sein, sich selbst auszudrücken.«

Im weiteren Verlauf der Stunde wiederholte Freud: *»Es gibt in der Analyse nichts, was menschlichen Errungenschaften und moralischer Würde Abbruch tut.«*[3]

22. Januar 1930

An diesem Abend, als ich über mein Temperament sprach, sagte ich zu Freud, ich sei ein enthusiastischer Typ. Ich erwähnte, daß ich gerade die Traumdeutung lese und regelrecht gepackt sei von diesem Drama: ein armer jüdischer Arzt, den seine Kollegen für verrückt hielten, der die Möglichkeit aufgegeben hatte, seinen Auffassungen Gehör zu verschaffen, und der sich nur auf seine treuen Patienten stützen konnte — er löst das Problem der Bedeutung der Träume und setzt sich eines schönen Sommertags hin und beginnt mit folgenden Worten sein epochemachendes Buch: »Ich werde beweisen . . .« — nicht »werde versuchen« oder »mich bemühen«, sondern »ich werde *beweisen*«. Dies, sagte ich, war das große Drama, das in einer Reihe steht mit den großen Momenten menschlichen Denkens mit Descartes' berühmten cogito und St. Paulus' Appell vor dem König Agrippa. (Und ich hätte noch, wie meine Frau vorschlug, hinzufügen sollen, mit Luthers berühmtem Anschlag seiner Thesen an die Kirchentür.)

»Nun«, erwiderte Freud, »damals spürte ich nicht, daß es so dramatisch war; ich dachte nicht im geringsten daran, ein Dogma aufzustellen oder die Welt herauszufordern; es schien mir die einfachste Art, die Sache darzustellen.« Dies sei, so wagte ich zu behaupten, sicherlich die Art, die alle großen Männer empfänden. »Und nach dreißig Jahren«, so fuhr ich fort, »scheinen die besten Köpfe auf der Welt unfähig zu sein, an dem Wesentlichen dieses Buches zu rütteln. Ich nehme an, daß Sie noch immer zu dem stehen, was Sie in Ihrem Buch geschrieben haben.« Freud erwiderte: »Ich bereite eine achte Ausgabe vor, und die Struktur des Buches bleibt im großen und ganzen unverändert.«

23. Januar 1930

Ich sprach über das Problem, daß ich, ohne dabei oberflächlich zu werden, in diesem Sommer über geistige Hygiene zu sprechen hätte.

Im wesentlichen meinte Freud: »Mir scheint, Sie sollten alle oberflächlichen Formulierungen meiden, wenn Sie über die Beziehung der Psychoanalyse zur Erziehung und geistigen Hygiene lehren. Sie sollten am besten fundamentale

Tatsachen unterrichten. Sie haben die Gelegenheit, die Oberflächlichkeit von Adlers Lehre vom Minderwertigkeitskomplex aufzuzeigen. Nicht weil es ein minderwertiges Organ oder Organe hat, fühlt sich ein Kind minderwertig, sondern weil es nicht geliebt wird. *Die Einstellung der Eltern, dem minderwertigen Organ gegenüber, verursacht die Schwierigkeiten.*

An dieser Stelle gab mir Freud ein Beispiel:

»Sie kennen doch Emil Ludwig, der über das Leben von Kaiser Wilhelm schrieb. Nun, er war einmal hier, um mit mir zu speisen und ich fragte ihn, weshalb er so oberflächlich verfahre, weshalb er die gesamte Persönlichkeit des Kaisers auf der Basis seiner Minderwertigkeit — aufgrund seines verkümmerten Armes — analysiere. Ich wies ihn darauf hin, daß nicht dies der Grund für sein Minderwertigkeitsgefühl wäre, sondern die Einstellung von Wilhelms Mutter zu seinem verkümmerten Arm. Es ist eine historische Tatsache, daß Wilhelms Mutter ihn haßte. Sie verachtete ihn wegen seines verkümmerten Armes . . . Ludwig war von meiner Kritik nicht angetan.«

Freud fuhr dann fort: »Das wirklich geliebte Kind fühlt sich nicht minderwertig. Diese Einstellung hängt weitgehend von der Mutter ab. In den ersten Jahren kümmert sie sich vor allem um das Kind. Der Einfluß des Vaters ist im allgemeinen nicht besonders groß.

»Der Wunsch des Kindes nach Aufmerksamkeit«, fuhr er fort, »ist nur ein abgeschwächter Wunsch nach Liebe. Nicht Aufmerksamkeit, sondern Liebe will das Kind. Natürlich muß das Kind zuweilen in die Schranken gewiesen werden. Doch wenn dies vor dem Hintergrund von Liebe geschieht, wird es keine schädlichen Folgen haben. Das fundamentale Prinzip der Psychoanalyse besteht in der Frage der ›Liebesökonomie‹[4]. Das Problem der Erziehung besteht darin, dem Kind in richtigem Maße Liebe zukommen zu lassen.«

(Anna Freud sagte in einer ihrer Sitzungen: »Richtige Erziehung ist eine Frage des ausgewogenen Verhältnisses zwischen Befriedigung und Versagung. Wird ein Kind in seinen Ansprüchen völlig befriedigt, wird es auf diesem Niveau fixiert bleiben.«)

Freud fuhr fort: »Eine andere Schwierigkeit besteht darin, daß die Eltern von ihren Kindern erwarten, daß sie deren eigene unerfüllten Wünsche realisieren — infantile Wünsche und Sehnsüchte.«

»Kinder spüren durch Muskelspannungen, wenn man sie liebt«, sagte ich.

»Vielleicht«, erwiderte Freud, »aber man sollte, wenn es sich um psychologische Vorgänge handelt, physiologische Erklärungen besser meiden.«

»Lehrer hassen so oft ihre Schüler«, bemerkte ich.

»Ja, eine Erziehung in Haß muß einer Erziehung in Liebe weichen. Natürlich gibt es noch andere Gründe«, fuhr Freud fort, »im Falle eines Kindes, das allzuviel Aufmerksamkeit verlangt oder allzuviel phantasiert. Das Mädchen fühlt gegenüber der Mutter einen gewissen Haß, wenn es feststellt, daß es keinen Penis bekommen hat. Falls es einen Bruder hat, glaubt es, daß dieser von der Mutter mehr geliebt wird, weil er einen Penis besitzt; dann fühlt es sich ungeliebt. Im Falle des Jungen sind es die Kastrationsdrohungen, die ihm das Gefühl des Ungeliebtseins geben. Alle diese Elemente kommen zusammen und müssen berücksichtigt werden, wenn man nicht allzu oberflächlich darüber sprechen will.«

Bei anderer Gelegenheit, in einer Diskussion über weibliche Psychologie, sagte Freud: »Sie werden in der Analyse herausfinden, daß sich beinahe jedes Mädchen mit der Mutter identifiziert, sei es die reale oder eine imaginäre. Dies mag früher oder später geschehen. Selbst wenn Töchter ihre Mütter hassen, wird diese Identifikation stattfinden. Daher ist es so schwierig vorherzusagen, was für einen Charakter das Mädchen später haben wird. Fast immer tritt ein bemerkenswerter Wandel ein, sobald das Mädchen die Erfahrung sexueller Beziehungen hat. In Fällen, wo das Mädchen jungfräulich ist, kann man im allgemeinen nach der Heirat eine bemerkenswerte charakterliche Veränderung feststellen.«

Er unterbrach sich für einen Augenblick und schloß dann: »Eine Ehefrau zu finden, ist eines der schwierigsten Dinge in dieser Zivilisation.« (»Picking up a wife is one of the most difficult things in this civilization.«)

13. Februar 1930

In einer der letzten Stunden mit Freud erwähnte ich, daß ich sparen würde, um mir eine Ausgabe seiner Werke zu kaufen. »Ich war mein Leben lang ein Lehrer«, sagte ich, »und habe nicht viel Geld.«

Am nächsten Tag sagte Freud zu mir: »Darf ich Ihnen eine Ausgabe meiner Bücher schenken?« Daraufhin gab er mir seine gesammelten Schriften in vier Bänden. Dabei erwähnte er, daß in diesen Schriften das Wesentliche der Psychoanalyse dargestellt sei und fügte hinzu, daß ich aus der Lektüre Gewinn ziehen würde.

Dies scheint in den folgenden Nächten eine Reihe ziemlich ausführlicher Träume ausgelöst zu haben. Ich träumte vom Krieg, von Soldaten, welche eine Eisenbahnstation verteidigten, von einem ausgelassenen Hund, der an eine Kiste mit Patronen gebunden ist und diese zwischen Reihen von Pfeilern zerrt, die das Dach des Bahnhofs stützen.

Ich hatte mannigfache Assoziationen: der Bahnhof in Nancy, den die Deutschen jede Nacht bombardierten: Kisten, welche ich gebaut hatte, um vor einigen Jahren unsere Bücher zu transportieren — auf diese Weise setzte ich die Munition mit den Büchern von Freud gleich; die Verteidigung der Bahnhofsstation mit der Verteidigung der Analyse gegen ihre Angreifer; die Pfeiler des Bahnhofs mit den Stützen der Gesellschaft, die Freuds Bücher nicht akzeptieren würden, wenn sie wüßten, wie revolutionär diese sind und welche Sprengkraft sie enthalten. Auch noch andere Träume hatte ich: von dem Universitätsgebäude in Vassar; von meinem Hund Bobs; von jemandem, der mich zu rezitieren bat. Ich tat dies, indem ich die Passage Shakespeares über die Feder des Poeten zitierte, »which gives to airy nothing a local habitation and a name«. Auch die Assoziationen zu diesen Träumen führten zu den Büchern Freuds und zu meiner Gleichsetzung Freuds mit Shakespeare.

14. Februar 1930

Gestern konnte ich nichts aus meinen Träumen herausbekommen. »Während der letzten Tage«, sagte Freud, »sind ihre Träume immer dunkler geworden. Das kann nur eines bedeuten: in der Übertragung findet eine Veränderung statt. Wahrscheinlich ist dies auf das Buchgeschenk zurückzuführen. Sie können daraus ersehen, welche Schwierigkeiten Geschenke in der Analyse bereiten.«

20. Februar 1930

Gestern fragte mich Freud, ob ich je von Dr. A. A. Roback gehört hätte, früher Lehrer für Psychologie und Autor eines Buches über die Stellung der Juden in Literatur, Kunst und Wissenschaft. Als er mir eine Ausgabe reichte, sagte Freud, »das Buch taugt nicht besonders viel, Sie brauchen es nur zu überfliegen«.

Ich las das Buch, und meines Erachtens war es ebenso pompös wie minderwertig. In dem Abschnitt über Psychoanalyse ließ Roback diese als ein Produkt jüdischen Geistes erscheinen. Ich fragte Freud danach.

»Meine jüdische Herkunft hat mir geholfen, Kritik zu ertragen, isoliert zu sein und allein zu arbeiten«, erwiderte Freud. »All dies hat mir bei der Entdeckung der Analyse geholfen. Aber die Psychoanalyse selbst als ein Produkt jüdischen Geistes hinzustellen, halte ich für Unsinn. Als wissenschaftliches Werk ist sie weder jüdisch, noch katholisch, noch heidnisch.«

Ich sagte ihm, daß ich derselben Meinung sei, und fügte noch hinzu, daß die Schotten den Juden ähnelten in ihrem Mystizismus und in ihrem Wunsch, einen Sinn im Leben zu finden.

Darauf bemerkte Freud: »Ich habe Robacks Diskussion meiner Person nicht gelesen. Beim Überfliegen dieses Teils stellte ich fest, daß er mich für einen Mystiker hält. Dies amüsiert mich — ich glaube, daß mir nichts ferner liegt als die Mystik.«

Ich erwähnte, daß Roback zitiert hätte aus Wittels Buch über seinen (Freuds) Versuch, Jung an die Spitze der psychoanalytischen Bewegung zu stellen.

»Ja, das ist wahr«, erwiderte Freud. »Damals hatte ich das Gefühl, daß die Leute in der Psychoanalyse eine jüdische Bewegung sehen. Nun ist Roback der Psychoanalyse gegenüber nicht unfreundlich, aber er sieht in ihr eine jüdische Bewegung — also sehen Sie, daß ich recht hatte ... aber Jung erwies sich als ein Fehlschlag.«

Ich sagte: »Ich meine, daß Ihre Persönlichkeit ein besserer Ausgangspunkt für die Psychoanalyse war als irgendeine andere.«

»Es bestand die Gefahr, daß man die Psychoanalyse als etwas primär Jüdisches betrachten würde«, sagte Freud.

»Dies wäre wohl in jedem Fall geschehen«, erwiderte ich. »Wenn Janet die Psychoanalyse entdeckt hätte, so würde die Welt gesagt haben: ›Ja, natürlich kommt sie von den verdorbenen Franzosen, die keinen Anstand haben.‹ Wenn es ein Deutscher gewesen wäre, so hätte es geheißen: ›Typisch für den ungeschlachten Geist der Deutschen.‹«

»Ja«, pflichtete Freud bei, »wie im Fall der Syphilis, die in Frankreich die Neapolitanische Krankheit hieß. Die Türken nannten sie die Französische Krankheit, und so fort.«

Ich wies auf Jungs Behauptung, daß die Psychoanalyse ein Produkt jüdischer Gesinnung sei und die Christen eine andere Psychologie bräuchten.

»Ja«, sagte Freud. »Dies war, nachdem Jung die Psychoanalyse akzeptiert hatte. Sein Gesinnungswandel war ein absichtlicher Versuch, sich die Gunst des amerikanischen Publikums zu erwerben.«

24. Februar 1930

Gestern war ich von fünf bis sechs in der Tanzstunde. Ich machte um 5 Uhr 45 Schluß, sprach aber noch bis 5 Uhr 50 mit Kitty, meiner Tanzstundenpartnerin, um meine nächsten Verabredungen zu treffen. Da ich an der Tür kein Taxi bekommen konnte, war ich vier Minuten zu spät in der Analyse.

Darüber war ich ziemlich verwirrt. Als ich ins Wartezimmer ging, war die äußere Tür des Sprechzimmers offen, die innere jedoch geschlossen. Das Hausmädchen bat mich, hineinzugehen.

Freud war in seiner Bibliothek, rauchend. Er war gefaßt und freundlich, als ob ich mich nicht verspätet hätte, doch ich war noch immer verwirrt. Als ich mich hinlegte, zog ich meine Uhr heraus und sagte: »Ich fürchte, meine Uhr geht etwas nach. Ich sollte sie besser nach der Ihren stellen.«

»Meine Uhr geht gewöhnlich richtig«, erwiderte er, doch nannte er mir nicht die genaue Zeit. Statt dessen fragte er: »Sie waren in der Tanzstunde?«

»Ja«, sagte ich. »Ich ging zehn Minuten vor sechs weg, konnte jedoch nicht gleich ein Taxi bekommen.« Freud sagte nichts weiter, und ich begann mit meiner Analyse.

Während der Stunde sagte Freud bei Gelegenheit: »Vielleicht haben Sie einiges von der Kritik in dem Text von Dr. Roback positiv aufgenommen.« (Es war ein Text über Freuds Theorie der Fehlleistungen, welchen mir Freud zu lesen gegeben hatte.) »Ein geistloser Text«, fuhr Freud fort. »Er ist so ungenau in seinem Buch, daß ich nichts von dem akzeptiere, was er sagt. Gewiß sind die Ungenauigkeiten nicht von großer Konsequenz. Zum Beispiel behauptet er, ich könne, wenn ich krank wäre, am Tag nur eine halbe

Stunde sprechen. Das ist Unsinn. Sobald ich meine Gaumenplatte bekam, konnte ich so viel sprechen, wie ich wollte. Und dann macht er die Frau von Jones zu der Schwester von So-und-So.« (Ich habe den Namen vergessen.) »Dies stimmt nicht. Sie ist die Schwester von X. Und so weiter. Er schrieb nieder, was ihm einfiel, ohne es nachzuprüfen. Wenn jemand in kleinen Dingen so ungenau ist, ist das, was er schreibt, für mich von keinerlei Interesse.«

27. Februar 1930

Gestern sprach der Professor fast die ganze Stunde über. Zunächst fragte er mich nach einem Traum, über den wir am Ende der gestrigen Stunde gesprochen hatten. Er sagte: »Wir waren an einer sehr wichtigen Stelle in ihrem Traum angelangt, als Sie über die Dekorationen in der Kirche sprachen.«

Der Traum handelte von einem Methodistenprediger, der eine Kirche gebaut hatte, sehr solide, doch einfältig im Entwurf. Es gibt nur eine Tür, zu der zwei Stufen führen. Diese sind dergestalt angelegt, daß die untere, aufgerichtet, zu einem Stuhl für die Erwachsenen wird; und die obere Stufe, aufgerichtet, zu einem Stuhl für Kinder. Die Wände sind in Rot und Gold dekoriert, wie die des Museums, das ich am Tag zuvor besucht hatte. Ein Schleier, mit Wolken bemalt, ist über die Decke gezogen, und die Lichter, die hindurchscheinen, sind wie Sonne und Mond. Das Mobiliar ist aus goldener Eiche. Im Hintergrund befindet sich ein Taufbekken (dies, obwohl es eine Methodistenkirche ist). Das Bekken hat eine kleine gußeiserne Badewanne — wie ein Sarg — die zu klein zum Taufen ist. Das eine Ende ist zerbrochen. Der Prediger führt uns herum.

Assoziationen: Die Stufen und der Stuhl deuten im Traum meine Einstellung zur Analyse an. Die Kirche ist die Analyse. Der Traum stellt eine Kritik an der Analyse dar. Diese handelt allzu oft von analen Aspekten des Lebens, besonders dem des Kindes. Die Innendekoration: ich sagte, die Analyse sei eine Art Religion, jedoch nur für sehr intelligente Menschen geeignet, für den Durchschnittsmenschen hingegen nicht sehr fruchtbringend. Die Innendekoration soll die Religion der Psychoanalyse bereichern.

»Sie sehen«, sagte Freud, »es läßt sich nie sagen, was ein Gegenstand bedeutet, bevor man dazu assoziiert hat« (dies ist übertrieben; er sagte: »oft« und nicht »nie«). »In einem anderen Fall mag die Dekoration etwas anderes bedeuten. Der Schleier und die Lichter bedeuten, daß die Analyse den Himmel entfernt hat. Und das zerbrochene Taufbecken bedeutet die Beschneidung. In Wirklichkeit ist es ein Jude, der das Gotteshaus gebaut hat und Sie herumführt.«

Sodann äußerte ich meine Überzeugung, daß wir den Beruf eines Menschen nicht immer einfach von einer Kompensation oder Sublimierung ableiten könnten, selbst wenn jemand zum Beispiel durch Sublimierung sadistischer Impulse Chirurg wird.

»Natürlich«, sagte Freud, »kann ein Mann auch aus reinem Zufall Chirurg werden; doch ein wirklich guter Chirurg ist nur derjenige, der diese fundamentale Sublimierung vollzogen hat.«

»Wissen Sie«, fuhr er fort, »weshalb Psychiater zu ihrem Beruf kommen? Weil sie nicht das Gefühl haben, normal zu sein. Sie ergreifen diesen Beruf, weil er ein Mittel ist, dieses Gefühl zu sublimieren — ein Mittel, sich der eigenen Normalität zu versichern. Die Gesellschaft vertraut ihnen die geistig Anormalen an, und so fühlen sie sich in Sicherheit. Abgesehen davon, sie sind auch normaler als ihre Patienten. Aber natürlich gibt es auch Psychiater, die zufällig zu diesem Beruf kommen.«

Um dies zu exemplifizieren, nannte mir Freud Dr. Wagner-Jauregg, der vergeblich versucht hatte, irgendeine Stellung in den diversen Abteilungen des Krankenhauses zu bekommen. Da er keinen Zugang fand, mußte er in die Psychiatrie gehen, wo er, hervorragend wie er war, großen

Erfolg hatte. »Er bestätigt meine Theorie nicht«, sagte Freud.

6. März 1930

Heute hatte ich eine wunderbare Stunde mit Professor Freud. Ich sprach davon, daß ich einige Artikel aus den Gesammelten Schriften über Triebe und das Unbewußte gelesen hätte, mit dem Gefühl, daß ich den Inhalt dieser Schriften auswendig lernen sollte.

Freud fragte mich, ob ich in der letzten Zeit die Drei Abhandlungen zur Sexualtheorie gelesen hätte. Ich erwiderte, daß meine Lektüre schon einige Zeit zurückläge.

»Sie wurden«, sagte Freud, »im Jahre 1905 geschrieben und sind heute mehr oder weniger ein historisches Dokument. Einiges müßte hinzugefügt werden, anderes weggelassen. In späteren Ausgaben versuchte ich einiges zu ändern, mußte aber einsehen, daß dies nicht möglich war. Es ist besser, es so zu lassen, wie es ist — ein historisches Dokument.«

»Wahrscheinlich wäre es besser, ein neues Buch zu schreiben«, wagte ich zu sagen. »Das müssen andere tun«, erwiderte Freud. »Wenn man eine neue Wissenschaft entwickelt, stellt man zunächst einmal vage Theorien auf. Man kann die Dinge nicht sogleich scharf formulieren. Aber wenn man darüber schreibt, verlangt das Publikum etwas Definitives, sonst meint es, man wüßte nicht, was man zu sagen hätte.«

Freud fügt hinzu: »Was nun die Schriften über die Technik der Analyse anbelangt, so meine ich, daß sie völlig inadäquat sind. Ich glaube nicht, daß man die Methoden der Technik durch Schriften vermitteln kann. Diese erlernt man nur durch persönliche Unterweisung. Natürlich benötigen Anfänger einiges Wissen zu ihrem Start. Andernfalls hätten sie nichts, womit sie fortfahren könnten. Aber wenn sie den Direktiven wissentlich folgen, werden sie bald in Verlegenheit kommen. Dann müssen sie beginnen, ihre eigene Technik zu entwickeln.«

Ich schuldete dem Professor für Februar noch 150 Dollar.

Ich bekomme die Dollars, die er den Schillingen vorzieht, von Thomas Cook, doch konnte ich am 28. nicht den ganzen Betrag erhalten. Heute erhielt ich von Cook das ganze Geld — 500 Dollar. Da es mir unangenehm war, den Rest bei mir zu behalten, gab ich Freud die übrigen 350 Dollar im voraus. Als er sie entgegennahm, sagte er: »Sie müssen mir aber versprechen, sie von meiner Familie zurückzuverlangen, falls ich vorzeitig sterbe.«

Das gleiche hatte er schon einmal gesagt, als ich ihm 100 Dollar im voraus bezahlt hatte. Diesmal fragte ich, ob er denn irgendeinen Anlaß zu der Annahme hätte, er könnte plötzlich sterben.

»Keinen besonderen Anlaß«, war Freuds Erwiderung, »gestern war ich wegen Herzbeschwerden beim Arzt. Dieser sagte: ›Ich weiß nicht, ob ich Ihnen helfen kann. Oft läßt sich bei einer geringfügigen Sache nichts tun. Jedoch halte ich Ihren Zustand nicht für besorgniserregend.‹«

Sodann fuhr Freud fort: »Ich denke jeden Tag an die Möglichkeit des Todes. Es ist eine gute Übung.«

7. März 1930

Gestern, beim Abschied, sagte Freud: »Vielleicht könnten Sie noch einiges mehr über Ihre Einstellung zur Analyse sagen.«

Unter dem Eindruck dieser Worte hatte ich in der gestrigen Nacht zwei Träume. In dem ersten sitze ich auf einem Stuhl Freud gegenüber. Ich spreche gerade. Während der Stunde betritt eine Sekretärin den Raum, eine Frau mit einer Anzahl von Karten. Später kommt ein Mann mit irgendeinem Manuskript herein. Ich finde, daß dies eine recht erbärmliche Art und Weise ist, eine Analyse durchzuführen. Ich habe das Gefühl, zu wenig für mein Geld zu bekommen.

In dem zweiten Traum bin ich dabei, eine Rede über Psychoanalyse und Erziehung zu halten. Die Menge wartet schon. In einem schwarzen Anzug kommt Freud aus einem rückwärtig gelegenen Raum und ich realisiere, daß er meine Rede mit anhören wird. Obgleich er wieder in seinen Raum zurückgeht, weiß ich, daß er mich hören kann, was mich sehr verwirrt.

Meine Assoziationen zu dem zweiten Traum: Doktor Lippman führt Gespräche mit Dr. Nunberg. Doktor Lippman behauptet, dies wäre das gleiche wie eine Analyse, aber ich glaube, daß er sich nur etwas vormacht. Dann spreche ich über das Sich-Hinlegen. Ich sage Lippman, daß es nichts weiter als ein technisches Mittel sei, wenn er sich hinlege, und daß er genauso gut auf einem Stuhl sitzen könne.

»Ja«, kommentierte Freud an dieser Stelle, »sich hinzulegen ist eine Sache der Bequemlichkeit. Aber eines ist dabei sehr wichtig: der Analysand darf das Gesicht des Analytikers nicht sehen, sonst würde er von dessen Ausdruck beeinflußt.«

Im großen und ganzen bedeutet der Traum, daß ich eine Analyse ablehne, die nicht den Regeln gemäß durchgeführt wird. Zudem hege ich einige Zweifel, die Analyse in ihrem besten Licht präsentieren zu können.

Im Verlauf der Stunde äußerte Freud: »Vielleicht sind Sie allzu optimistisch, was die Annahme der Analyse betrifft. Glauben Sie den Worten eines alten Mannes, wie ich es bin — die Psychoanalyse löst notwendigerweise Widerstände aus. Allein die Tatsache, daß es das Unbewußte gibt, bedeutet die Anwesenheit von Widerstand. Und die Analyse läßt sich nicht präsentieren, ohne daß dabei Widerstände ausgelöst würden.

Nur in der analytischen Behandlung können wir diese Widerstände — mit Schwierigkeit, viel Geduld und oftmaligem Wiederholen — überwinden. Freud fuhr fort: »Als Jung, damals noch meine rechte Hand, in die Vereinigten Staaten ging, schrieb er mir, daß er die Widerstände der amerikanischen Zuhörerschaft durch eine Modifizierung gewisser Aspekte der Analyse überwunden hätte. Ich schrieb ihm daraufhin, dies sei schlimm; durch eine weitergehende Modifizierung der Analyse könne man sogar *alle* Widerstände gegen sie brechen.«

Als er über Dr. Putnam von der Harvard Universität sprach, meinte Freud: »Sein Tod war ein großer Verlust. Im Schutze seiner Persönlichkeit fühlte ich mich wie hinter einem Schild. Leider war er, als er die Analyse akzeptierte, bereits zu alt. Wäre er nicht gestorben, so hätte er die Analyse sicherlich weiter gefördert. Daß er sie akzeptierte, grenzte an ein Wunder.«

20. März 1930

Ich erzählte Freud von meiner Lektüre des Aufsatzes »Ein Kind wird geschlagen«, und sagte: »Ich nehme an, daß das Gefühl der Sündhaftigkeit seinen Ursprung im Ödipuskomplex hat und später auf masturbatorische Aktivitäten übertragen wird.«

»Ja«, erwiderte er, »doch nicht allein dadurch entsteht das Gefühl der Sündhaftigkeit. Wann wurde der Aufsatz geschrieben?«

»Ich glaube 1910.«

»Nein«, sagte Freud, »er muß später geschrieben sein«, und er ging zu seiner Bibliothek, um nachzusehen. Es stellte sich heraus, daß er 1919 geschrieben worden war. Dies veranlaßte Freud zu folgenden Worten: »Darf ich Ihnen einen Hinweis geben: wenn Sie Aufsätze über Psychoanalyse lesen, achten Sie auf das Datum der Abfassung. Die *Zeitschrift* ist ein gutes Blatt, in dem Sie die neuesten Erkenntnisse finden.«

»Nur wenige Behauptungen der Psychoanalyse«, so fuhr er fort, »erwiesen sich als Irrtum, doch viele von ihnen bedürfen der Verbesserung. Wir gehen heute noch immer davon aus, daß der Ödipuskomplex im Zentrum der männlichen und in manchen Fällen auch der weiblichen Neurose steht. Aber in den vergangenen fünf Jahren haben wir herausgefunden, daß die neurotischen Symptome einiger Mädchen in ein präödipales Stadium zurückreichen. Der Grund der Neurose oder der neurotischen Tendenz liegt in der Bindung an die Mutter.«

Ich fragte: »Wenn die Bindung des Mädchens nicht zu einer homosexuellen Reaktion führt, welche Form von Neurose entsteht dann?«

»Jede Form von Neurose«, erwiderte Freud. »Die Frau ist ein höchst kompliziertes Wesen. Der Junge bindet sich an seine Mutter und bleibt ihr verbunden. Das Mädchen jedoch bindet sich an die Mutter, muß diese Bindung aber aufgeben und attachiert sich nun an den Vater. Im Fall des Mädchens verläuft die Entwicklung nicht geradlinig. Erst in den letzten Jahren haben wir festgestellt, wie kompliziert die Entwicklung des Mädchens ist.«

Nochmals hinweisend auf die Notwendigkeit, die Daten der psychoanalytischen Aufsätze zu beachten, machte Freud folgende Bemerkung: »Genau das versäumen die Kritiker. Anscheinend glauben sie, die Analyse sei vom Himmel gefallen oder aus der Hölle geschleudert worden — ein für allemal fixiert wie ein Lavablock. Sie denken nicht daran, daß sie ein Gebilde von Fakten ist, die nur langsam und unter größten Anstrengungen von der wissenschaftlichen Forschung zusammengetragen wurden.«

26. März 1930

Heute sagte Freud: »Sie wissen, daß die Histologie herausgefunden hat, daß die Sexualorgane des Neugeborenen sehr entwickelt sind, und daß diese Entwicklung sich für die nächsten zwei oder drei Jahre fortsetzt (oder daß es zumindest bei diesem Entwicklungsstand bleibt); dann beginnt eine Regression. Dies war, von seiten der Physiologie, eine verblüffende Bestätigung der Entdeckungen der Psychoanalyse. Ferenczi hat uns auf diese histologische Arbeit aufmerksam gemacht.« Er fügt noch hinzu, daß das Kleinkind schon während der ersten Monate Erektionen habe.

Ich sagte: »Margaret hat gezeigt, daß Neugeborene Erektionen haben.« Freud war sehr interessiert und wollte wissen, wo dieser Aufsatz veröffentlicht wäre.

Über das Stottern sagte Freud: »Darüber weiß ich nichts, aber mir scheint, daß orale Erotik, wie Doktor Coriat behauptet, das Motiv sein könnte.« (Ich hatte von Coriats Buch über das Stottern gesprochen.) »Doch der Mechanismus ist ein physiologischer. Es muß eine konstitutionelle Voraussetzung da sein, ebenso wie ein psychologisches Motiv.«

Gestern teilte ich vier kurze Träume mit. Freud meinte: »Es wird wohl besser sein, einen kurzen Überblick über alle Träume zu geben, als einen Traum bis ins Detail zu bearbeiten.«

30. März 1930

Heute eine sehr interessante Stunde. Freud sprach viel während der Stunde und nahm aktiv teil an der Analyse meiner Träume.

Nachdem wir einen der Träume diskutiert hatten, fuhr er fort: »Sie wissen, daß Jungen, nachdem sie passiv gewesen sind, immer aktiv werden. Zum Beispiel: ein Junge war gerade vom Arzt behandelt worden, der seinen Mund geöffnet und seinen Hals inspiziert hatte. Kaum war der Doktor gegangen, versuchte der Junge, seiner Schwester in den Hals zu schauen. Jungen übernehmen immer eine aktive Rolle, wenn sie zuvor eine passive haben spielen müssen.«

Als wir über die unterschiedliche Verhaltensweise von Mann und Frau sprachen, sagte Freud: »Ich habe die Erfahrung gemacht, daß Frauen, die eine Liebesaffäre haben, der Analyse absolut verlorengehen. Ich weiß nicht, ob die amerikanische Frau in ihrem Bemühen um Virilität schon so weit fortgeschritten ist, daß sie fähig ist, auf eine Liebesaffäre keine stärkere Reaktion zu zeigen als der Mann. Hingegen scheint der Mann dazu fähig, eine Liebesaffäre zu beginnen, ohne ganz darin aufzugehen. Er kann seine Analyse fortsetzen.«

4. April 1930

Zu Beginn der heutigen Sitzung sagte Freud: »Sie müssen die analytische Regel befolgen und ihren Gedanken vollkommen freien Lauf lassen. Glauben Sie nicht, daß Sie sich an irgendeinen vorgezeichneten Pfad halten müssen. Er würde sie sowieso sicherlich zum gleichen Ziel führen. Der Analytiker muß Ihnen folgen, wohin Sie auch gehen.«

Ich fragte: »Glauben Sie, daß wir — unabhängig davon, ob wir uns daran erinnern oder nicht — träumen?«

»Es hängt davon ab, was Sie unter Träumen verstehen«, erwiderte er. »Wenn Sie damit das Ergebnis der Traumarbeit meinen, dann müssen Sie sich daran erinnern, geträumt zu haben.«

»Aber«, sagte ich, »befreit sich das Unbewußte von seinen Spannungen oder Wünschen, gleichviel ob man sich nun an die Träume erinnert oder nicht?«

»Das Unbewußte kennt keine Spannungen oder Wünsche. Das Bewußtsein hat diese Spannungen. Der Traum soll diese freisetzen.«

Ich muß ihn später noch einmal danach fragen. Ich fürchte, daß ich ihn nicht verstanden habe.

Heute traf ich Freuds Dienstmädchen Paula — ein süßes, schüchternes und eifriges Mädchen von etwa 21 Jahren — im Büro von Dr. Steiner, und ich begann eine Unterhaltung mit ihr. Ich wollte wissen, welchen Eindruck sie von Freud habe; sie sagte: »Doktor Freud ist sehr sympathisch, und gut und nett.« Es war sehr interessant, des Dienstmädchens Eindruck von Freud zu erfahren.

Beim Abschied gab mir Freud heute die Märzausgabe — Jahrgang 1930 — der Medical Review of Reviews, ein Symposium über Psychopathologie, mit einer Einleitung von ihm. Ein Beispiel seiner Zuvorkommenheit. »Ich dachte,

Sie würden es vielleicht gern überfliegen«, sagte er, »bemühen Sie sich nicht, es durchzulesen.«

Vor drei Tagen sagte mir Freud, indem er sich auf eine vorangegangene Diskussion bezog: »Ich habe den Eindruck, daß Sie — nun, da Sie das Rätsel um das kanadische Mädchen herausgefunden haben — der Meinung sind, nicht mehr tiefer darauf eingehen zu müssen, sondern sich an allgemeine Prinzipien halten zu können.«

»Dies ist eine der geschicktesten Formen des Widerstandes. Ich erinnere mich an den Fall einer Frau, die zu mir aus Prag kam, als ich gerade am Anfang meiner analytischen Laufbahn stand (natürlich machte ich in jener Zeit eine Menge dummer Fehler). Sie verbrachte die Stunde damit, mir zu erzählen, wie glücklich sie mit ihrem Mann sei. Am Ende der Stunde sagte ich ihr, daß ich dies für unwahrscheinlich hielte, daß mir noch nie eine neurotische Frau begegnet sei, die in ihrer Ehe glücklich war. Heute würde ich den Patienten erzählen lassen, und nichts dazu äußern. Aber damals war ich noch nicht so erfahren. Am nächsten Tag kam die Frau wieder und sagte: ›Was Sie mir erzählten, war ganz richtig. Ich sehe, daß Sie recht haben, und nun geht es mir ganz gut und ich brauche keine weitere Behandlung.‹ Und damit ging sie nach Hause.

Zwei Wochen später erfuhr ich, daß sie sich in ein Sanatorium hatte begeben müssen. Sie hatte behauptet, gut zurande zu kommen, um nicht über ihre Schwierigkeiten sprechen zu müssen. Dieser Abwehrmechanismus findet nicht selten Anwendung.«

19. April 1930

Am Anfang dieser Woche hatte mir Freud als eine Art aktiver Therapie vorgeschlagen, ich solle versuchen, auf meinem Rücken oder auf der Seite liegend zu schlafen. Seit meiner Kindheit ist es meine Angewohnheit, auf dem Bauch zu schlafen, wobei ich ein Bein anziehe. Freud meinte, daß diese Schlafposition sicherlich auf eine kindische, oder vielmehr infantile Erfahrung zurückzuführen sei.

In den Träumen der vergangenen zwei Nächte befand sich Freud mit seinem Hund im Zimmer. In dem Traum vor zwei Nächten rannte Freud nach Ende der Analysenstunde mit Frau Dr. Jackson wie ein Junge in die Empfangshalle, in Erwartung, daß ihm der Hund folgen würde. Doch sprach Frau Dr. Jackson, gerade im Aufbruch, mit dem Hund, und dieser blieb, um mit ihr zu sprechen.

Vergangene Nacht träumte ich, daß Bobs, mein Hund, in einem hohlen Baum ein Stachelschwein gefunden hätte. Er zerrte das Stachelschwein hervor. Erst dachte ich, es sei ein Waschbär. Dann verschlang Bobs das Stachelschwein. Ich schnitt es aus Bobs Kehle heraus, wobei ich mir einige Stacheln im Daumen zuzog.

Assoziationen: Am Abend zuvor hatte uns Dr. Lippman von einem Baby erzählt, das stundenlang geschrien hatte. Die Mutter war mit dem Kind zu ihm gekommen, doch konnte er nichts finden. Schließlich hatte ihn die Mutter auf den geschwollenen Daumen des Babys aufmerksam gemacht. Ich erinnerte mich auch an die Behauptung, wonach Babys aus einem Baumstumpf kommen sollen, und ich dachte an das »fretful porcupine« (sic), ein Zitat aus Hamlet. Während der heutigen Stunde kam mir ein anderes Shakespeare-Zitat in den Sinn — »untimely ripped from his mother's womb« —, von dem ich behauptete, daß es aus dem *Julius Caesar* stamme.

»Nein«, korrigierte mich Freud, »dies wurde über Macduff in *Macbeth* gesagt.«

Dies ist ein Beispiel von Freuds Bildung und Belesenheit. Man stelle sich einen amerikanischen Arzt vor, der auch nur ein paar Zitate aus Schillers und Goethes Werken wüßte!

Die Erwähnung des Stachelschweins veranlaßte Freud zu der Bemerkung: »Als man mich 1909 bat, nach Amerika zu kommen, erwartete ich nicht viel von diesem Land, aber ich wollte ein Stachelschwein sehen. In den Adirondacks sah ich ein totes. Als ich zurückkam, gab mir Ferenczi dies kleine Modell.«

Daraufhin ging er in seinen Raum und kam mit dem kleinen Modell eines Stachelschweines zurück, um es mir zu zeigen. Wir sprachen über dessen Gewohnheiten, und dann konzentrierten wir uns wieder auf die Assoziationen zu meinem Traum.

23. April 1930

Ich sah Freud heute zum erstenmal seit dem neunzehnten April. (Ich war in Budapest zu Besuch gewesen. Sah Dr. Ferenczi, der an dem Problem des Stotterns großes Interesse zeigte. Er meint, wir sollten einige Fälle analysieren und sehen, was wir herausfänden.)

Während der heutigen Stunde erwähnte ich einige Zeitungsausschnitte über Freuds neues Buch »Das Unbehagen in der Kultur«. Der eine war von einem Priester, welcher meinte, daß Freud in Verzweiflung und Düsternis verloren sei. In einem anderen Leitartikel wurde Kritik an der Behauptung Freuds geübt, derzufolge der primitive Mensch glücklich und ungehemmt gewesen sei.

Freud sagte: »Die englische Übersetzung ist noch nicht erschienen — wie können sie wissen, was in dem Buch steht? Sie beurteilen es nach Berichten, welche sie erhalten haben, ohne daß sie das Buch gelesen hätten.«

Anschließend sprach ich über Dr. A's negative Übertragung auf Ferenczi; später von meiner Übertragung auf Freud als einer nicht negativen.

»Es gibt da etwas, vielleicht sollte ich es nicht erwähnen«, bemerkte Freud, »aber ich will es Ihnen dennoch, so wie es ist, mitteilen. Vielleicht sind Sie nicht ganz aufrichtig gewesen. Manchmal kommt es vor, daß ein Patient im Geist seine Vorbehalte hat, was nicht schwer ist — und dann verläuft die Analyse glücklich und in ruhigen Bahnen, wobei die negative Übertragung entweder gering ist oder ganz fehlt.«

Ich fragte Freud, ob dies in meinem Fall evident wäre.

»Nein«, erwiderte er, »ich nenne es bloß als Möglichkeit. Doch vielleicht sollte ich hier Ihre optimistische Haltung Menschen und Dingen gegenüber erwähnen.«

Dann stellte ich Freud die Frage, die ich bereits mit Margaret und Dr. Lippman diskutiert hatte — bezüglich einer Person, die ihre Vorbehalte hat, wie etwa ein Priester. »Ich will Ihnen ein Beispiel geben«, erwiderte er. »Vor dem Ausbruch des Krieges kam einmal ein Mann zu mir, um sich analysieren zu lassen. Er erzählte, er hätte ein nervöses Leiden. In Anwesenheit hoher Persönlichkeiten würde er sich nervös und verwirrt fühlen. Er arbeitete im diplomatischen Dienst. Er war Ungar, und zum Privatsekretär des Herrschers berufen worden. Bevor er Höhergestellten gegenübertrat, mußte er stets Alkohol zu sich nehmen, doch wollte er sich dieser Praktik entledigen. Er fügte noch hinzu, daß er schwören müßte, keinem einzigen die Geheimnisse seiner Arbeit mitzuteilen.«

»Ich versprach, ihm zu helfen. Doch fand ich heraus, daß eben dieser Vorbehalt ihn blockierte, und obgleich ich ihn neun Monate behandelte — und er war zufrieden, zum Teil von seinen Symptomen befreit, und spricht noch heute, wie gut ihm die Analyse getan hätte —, halte ich die Ergebnisse seiner Analyse nicht für zufriedenstellend.«

Ich fragte Freud, was er von meiner Zusammenarbeit mit Dr. Brill nach meiner Rückkehr nach New York hielte, und von dessen Hilfestellung bei meiner analytischen Arbeit.

Freud fand dies ausgezeichnet. »Brill ist sehr gut — es gibt keinen besseren.«

Juni 1930

Am letzten Tag besuchte ich Freud für einige Minuten in Tegel. Er gab mir ein Empfehlungsschreiben für Dr. Ernest Jones, den ich auf meiner Rückreise in London zu besuchen beabsichtigte.

Freud fragte mich nach meinen Plänen, und ich berichtete ihm von meinem Entschluß, nach meiner Rückkehr mit Dr. Brill zu arbeiten.

»Glauben Sie«, fragte ich, »ob ich nach einem Jahr Zusammenarbeit mit Dr. Brill schon so weit bin, selbst analytisch tätig zu werden?«

»Ja«, erwiderte Freud, »ich denke, Sie haben das Fundament und können anfangen.« Dann fügte er noch von sich aus hinzu: »Ich halte Sie nicht für einen Neurotiker.«

Nachdem wir ein paar abschließende Worte gewechselt und uns die Hand gereicht hatten, trennten wir uns.

Wien

3. August 1935

Nachdem ich gestern abend um 8 Uhr mit dem Flugzeug aus London angekommen war, rief ich gleich bei Freuds in Grinzing an. Anna Freud war ausgegangen. Um 10 Uhr war sie immer noch nicht zurück, und ich erreichte sie erst heute morgen um 9 Uhr. Sie gab mir eine Verabredung mit Freud für 4 Uhr.

Das Haus befindet sich in der Strassergasse Nr. 47. Um 2 Uhr 45 fuhr ich mit der Straßenbahn von der Pension Atlanta los, um ganz pünktlich zu sein. Als ich mich gegen 3 Uhr 10 dem Haus näherte, sah ich Anna Freud mit Paula, dem kleinen Dienstmädchen, das ich vor fünf Jahren zum letztenmal gesehen hatte, aus dem Auto steigen. Fräulein Freud blieb stehen und wechselte einige freundliche Worte mit mir. Sie schlug mir vor, ich solle mich doch hinter dem Haus in den Garten setzen. Ich fragte, ob ich an der Gartentür klingeln müßte — was ich tat —, aber das Dienstmädchen kam vom Auto und nahm mich nach hinten in den Garten. Sie sagte, ich könnte dort bis 4 Uhr bleiben, und würde dann gerufen werden.

Der Garten ist ungefähr 45 Meter breit und 90 tief, mit

vielen Bäumen und weichem, warmem Gras. Nachdem ich den Garten bis zum Ende ausgekundschaftet hatte, ließ ich mich in einem bequemen Stuhl an einem Tisch nieder und wartete. Die Vögel zwitscherten und sangen; es ging ein leichter Wind. Gelegentlich hörte man die Dienstmädchen laut sprechen, in der Küche im vorderen Teil des Hauses, das mit cremefarbenem Stuck verziert ist. Es hat drei Stockwerke mit französischen Fenstern und einer Veranda im Westen, wo Professor Freuds Räumlichkeiten sind.

Punkt vier Uhr. Das Mädchen, das mich eingelassen hatte, bat mich, ihr zu folgen. Ich ging die Außenstufen zur Veranda, welche ungefähr drei Meter hoch liegt, hinauf. Ganz hinten auf der Couch lag Professor Freud, wie immer in seinen gelblich-grauen Anzug gekleidet.

Er streckte mir seine Hand entgegen, blieb jedoch liegen. »Wie geht es Ihnen?« fragte er, und erkundigte sich anschließend nach Margaret. Er bat mich, meinen Stuhl näher zu rücken. Er schien sehr fragil, aber wach und rege. Nach dem Austausch einiger herzlicher Worte sagte er: »Ich kann Ihnen heute keine reguläre Stunde geben. Um ehrlich zu sein, ich fühle mich nicht gut. Mein Arzt sagt, daß mein Herz nicht kräftig sei. Es ist weiter nichts, aber er sagt, es sei besser, nicht zu arbeiten.«

Auf seine Frage hin, sagte ich ihm, daß ich mindestens zwei Wochen zu bleiben gedächte — wir könnten also 12 Stunden haben —, oder sogar noch einige Tage länger, falls es sich ermöglichen ließe. Ich sagte ihm sodann, daß ich das Analysenhonorar für zwei Wochen in Dollars bei mir hätte, in der Annahme, daß er, wie damals vor fünf Jahren, diese Währung vorziehen würde.

»Das ist nicht weiter wichtig«, sagte er, und ich bat ihn, die dreihundert Dollar — welche ich als drei Hundertdollarscheine bei mir trug — an sich zu nehmen, da ich sie nicht mit mir herumtragen wolle.

»Ich werde es als Vorauszahlung nehmen und es für Sie aufbewahren. Sollte ich jedoch vor Ablauf der zwei Wochen sterben, so erhalten Sie es zurück.«

»Sie haben sich nicht verändert«, sagte er dann. »Es sind drei Jahre her, seit ich Sie das letzte Mal sah.«

»Fünf«, erwiderte ich, »ich verließ Wien 1930.«

»Ja, genauso war es«, sagte er.

»Viel Wasser ist seitdem den Fluß hinuntergeflossen, und es war nicht immer das klarste«, meinte ich.

»O ja«, stimmte er mir zu, mit einem schwachen Achselzucken. Dann erkundigte er sich, wie es mir ginge.

Ich antwortete, daß es mir trotz der anstrengenden Arbeit in den letzten fünf Jahren gut ergangen sei, daß ich hoffte, inzwischen klüger geworden zu sein; »und ich bin«, so fuhr ich fort, »seit der Analyse glücklicher.«

»Half diese Ihnen persönlich?« fragte er.

»Ja«, erwiderte ich, »ich glaube, daß mir — was das persönliche Verständnis betrifft — nichts in meinem Leben so sehr geholfen hat.«

Impulsiv streckte er seine Hand aus, die ich ergriff. Er zeigte auf ganz ungewöhnliche und spontane Weise offen seine Empfindungen.

»Ich denke oft an Sie, und mit dem Gefühl tiefster Zuneigung«, fuhr ich fort, »selbst wenn ich nicht oft von mir hören lasse.«

(Ich vergaß zu erwähnen, daß ich ihm — als er von seinen Herzbeschwerden sprach — zu gehen angeboten hatte, doch er meinte, ohne Schwierigkeiten sprechen zu können.)

Dann sagte Freud, daß ich entweder um 11 Uhr vormittags oder um 4 Uhr nachmittags eine Stunde haben könnte. Er hatte ansonsten nur mehr einen Patienten, da die anderen alle in den Ferien waren. Ich sagte, ich würde lieber um 11 Uhr kommen.

»Gut«, erwiderte er, »dann sehe ich Sie Montag um 12 Uhr.«

»Elf«, sagte ich.

»Ach ja«, erwiderte er und reichte mir die Hand.

Ich war ungefähr zwölf Minuten bei ihm gewesen.

Freud machte mir den Eindruck eines geistig regen, energiegeladenen Menschen, der die Situation völlig beherrschte. Nicht schwach, sondern fragil und recht schmächtig kam er mir vor. Seine Bewegungen waren rasch und erinnerten mich in ihrer Plötzlichkeit an die eines Vogels, zum Beispiel, als er seine Hand ausstreckte. Sein Geist war wendig. Anscheinend hatte er mit dem Hören Schwierigkeiten — oder aber er war nicht an mein Englisch gewöhnt. Ein- oder zweimal hatte er mich gebeten, den Satz zu wiederholen, insbesondere in dem Gespräch über Margarets Gesundheit.

Ich erzählte ihm, daß wir soeben ein neues Buch über das Stottern geschrieben hätten, das für die Publikation angenommen worden sei. »Sie haben ein weiteres Buch geschrieben?« fragte er interessiert. »Sie arbeiten zusammen?«

»Ja«, erwiderte ich.

5. August 1935

Wenige Minuten vor 11 Uhr kam ich bei Freuds an. Das Tor war für mich geöffnet worden, und Paula, das kleine Dienstmädchen, kam mir auf dem Gartenweg entgegen. Dieses Mal wurde ich in einen Raum geführt, der hinausging auf die Veranda, auf welcher Freud am Sonnabend gelegen hatte. Der Professor stand in der Mitte des Raumes — gesund und kräftig aussehend. Er begrüßte mich und ließ mich Platz nehmen auf der Couch.

»Sie haben sich nicht verändert«, sagte ich. Er gab keine Antwort, doch mit seinem gewöhnlichen Kehllaut gab er ein Zeichen der Zustimmung. »Ihre Energie und Ihr Geist drängen noch immer voran«, fuhr ich fort. Er gab keine Antwort.

Sodann sagte ich: »Ich habe mich nicht erkundigt, ob Sie noch immer das gleiche Honorar verlangen. Ich nahm es an — doch lassen Sie mich wissen, falls es mehr sein sollte wegen des Dollarkurses. Ich werde dann die Differenz begleichen.«

»Das geht schon in Ordnung«, erwiderte er. Er fügte noch hinzu: »Können Sie die Summe, die Sie mir gaben, entbehren?« Dem Ton seiner Stimme und der Art und Weise, wie er es sagte, entnahm ich, daß er das Honorar herabsetzen würde, falls ich die übliche Summe von 25 Dollar pro Stunde nicht aufbringen könnte.

»Ja«, erwiderte ich. »Ich habe die Summe für diesen Zweck gespart. Es erforderte zwar einige Einschränkungen, doch man schätzt die Dinge erst dann wirklich, wenn man für sie gewisse Opfer gebracht hat.«

Ich legte mich zurück und begann: »Zunächst werde ich Ihnen von meinem objektiven Leben erzählen und dann von meinem subjektiven Erleben, seit der Zeit, da ich Sie verlassen habe.« »Wie Sie wollen«, antwortete er.

Ich sprach von meinem Treffen mit Zilboorg. »O ja«, sagte Freud, »ein Neuankömmling.«

Es sei, so fuhr ich fort, eine Bewegung im Gange, Dr. Brill zu verdrängen. Freud bemerkte: »Er scheint jedoch der Beste zu sein.«

»Zweifellos«, erwiderte ich. »Er ist oft etwas taktlos und es fehlt ihm auch an sozialer Verbindlichkeit, aber zu mir war er sehr freundlich und ich stehe ganz auf seiner Seite.«

Ich sprach von Y's Analyse und der Ermordung seiner Frau. Freud sagte nichts. Dann sprach ich von Kardiners und Zilboorgs Opposition mir gegenüber, und von meiner Meinung über sie. Wieder keinerlei Kommentar.

Ich mußte recht laut und langsam sprechen. Offensichtlich ist Freud jetzt leicht taub. Seine Redeweise war nicht ganz deutlich, seine Stimme tief, und es schien ihm Schwierigkeiten zu bereiten, die Kraft zur Artikulation aufzubringen.

Wieder war ich beeindruckt von Freuds Fähigkeit, zugleich entrückt und liebenswürdig, warm und freundlich zu sein. Seine undefinierbare Exklamation, die Ausdruck seiner Zustimmung ist, gibt dem Patienten das Gefühl, ihm sei mit großer Aufmerksamkeit (was auch der Fall ist) zugehört worden, und das von ihm Gesagte sei wichtig und in Übereinstimmung mit den Ansichten des Professors. Er beherrscht die schwierige Kunst der Gegenübertragung. Er nimmt Anteil — doch nicht unterschiedslos oder derart, daß er dem Patienten auferlegen würde, Zuneigung mit Zuneigung zu erwidern, Gleiches mit Gleichem . . . Sein Händedruck ist ein wenig kraftlos: seine Hand hängt von seinem Arm herab. Seine Bewegungen sind wie immer schnell und vogelgleich — beinahe feminin in ihrer Schnelle und Feinheit.

6. August 1935

Heute sprach ich zunächst von Dr. Alexanders Schwester. (Margaret hatte mir soeben über ein Treffen mit ihr bei Clara geschrieben.) Freud kannte sie nicht.

Über eine Schülerin Ferenczis sagte Freud: »Ich fürchte, sie hatte einen schlechten Einfluß auf Ferenczi.« Über Dr. Horney sagte er: »Sie ist fähig, aber böswillig — gemein.«

Ich sprach über Dr. X's offene Homosexualität und über seine Beziehung zu Dr. Y., der ihm Patienten schickt. »Ich glaube nicht, daß ein offen Homosexueller ein guter Analytiker sein kann.«

Freuds Erwiderung war in der Tat: »Sie haben recht in ihrer Annahme.«

Dann berichtete ich ihm ausführlich von Mrs. Y. Mehrmals legte ich eine Pause ein, wenn ich Fragen gestellt hatte, wie zum Beispiel: »Glauben Sie, daß ihr Vater ihr dies bedeutet?« Doch folgte diesen Fragen immer Schweigen. An einer Stelle machte ich die Bemerkung: »Mrs. Y. scheint einen analen Penis zu besitzen . . . Vielleicht trifft dies auf alle kleinen Mädchen zu, wenn sie spüren, daß sie keinen wirklichen Penis besitzen.«

Freud erwiderte: »Die Empfindung in der Klitoris hat mehr Einfluß auf die Gestaltung der Einstellung als die Größe des Stuhls bei der Defäkation.« (Dies sind nicht genau seine Worte, doch geben sie das von ihm Gemeinte wieder.)

Schließlich sagte Freud: »Ich glaube, Sie wünschen, daß

ich mit Ihnen so arbeite, als ob Sie bei mir in einer Kontrollanalyse wären. In einer Kontrollanalyse beginnt man in der ersten Woche und bekommt einen Eindruck von dem Patienten — und dann die nächste Woche, und so weiter. Doch in einen Fall einzudringen, der schon so lange läuft und dessen Geschichte so komplex ist, erweist sich als unmöglich. Sie können keine adäquate Stellungnahme erhalten.«

Dennoch teilte ich drei Träume von Mrs. Y. mit; doch hinsichtlich meiner Fragen war entweder Schweigen oder aber die Feststellung, daß man sich ohne Assoziationen keine Meinung bilden könne.

Ich fragte, ob es technisch gut sei, einen Patienten auf seine Träume zurückzubringen. »Ja«, sagte er, »doch wenn der Patient nicht voran will, kann man nichts machen. Man kann die Dinge nicht forcieren. Sie machen mir den Eindruck, als ob Sie dies allzu sehr versuchten. Es würde Ihnen vielleicht mehr helfen, wenn Sie der Methode mehr Aufmerksamkeit schenkten. Arbeiten Sie so intensiv wie nur möglich, und kümmern Sie sich nicht um die Resultate. Machen Sie sich nicht zuviel Mühe.« Dann zitierte er das Motto auf Parés Grab in Französisch. Ich bat ihn, es mir zu übersetzen. »Sie können mein Französisch nicht verstehen?« fragte er. Ich erwiderte: »Ich kann niemandes Französisch verstehen, leider.« Woraufhin er die Übersetzung gab: »Ich behandelte (bandagierte) meine Patienten — Gott kurierte sie.«

Schon vorher, als ich über Mrs. D's Symptome, einschließlich ihrer Ablehnung der vaginalen Empfindungen, sprach, sagte ich: »Ich nehme an, ich muß nicht erwarten, die sexuelle Frigidität der Patientin zu lösen, und ihr die Fähigkeit sexueller Erregbarkeit zu geben.«

»Nein«, sagte Freud. »Sie dürfen nicht allzu ehrgeizig sein.«

Ich fragte, ob es möglich wäre, Mr. L., der 26 oder 27 Jahre alt war, dabei zu helfen, seine sexuelle Potenz zu erlangen.

»Ja«, sagte Freud, »in einem solchen Alter kann man mit

Erfolgen rechnen. Bei mir war einmal ein 35jähriger Mann, der nach der Behandlung wieder sexuell potent war.«

7. August 1935

Während der Stunde ein Kratzen an der Tür. Freud stand auf, öffnete die Tür, und sein Hund kam herein.

Bei der Analyse meiner Träume tauchte der Name von Ferenczi wieder auf, und ich fragte Freud nach dem Kern seiner neuen Idee. Freuds Antwort war im wesentlichen:

»Sie können Ferenczis Methode nicht verstehen, ohne seine ganze Geschichte zu verstehen. Er war eines von elf Kindern. Seine Mutter war intelligent und tüchtig, doch sie konnte diesem Kind natürlich nicht viel Liebe geben. Er konnte nicht bevorzugt behandelt werden. Das war sein Geheimnis, das zutage trat, als er von mir analysiert wurde.

Seine ›neue Methode‹ — die nichts mit der aktiven Therapie zu tun hatte, die übrigens sehr gute Resultate erzielte — war im Grunde ein Versuch, sich dem Patienten passiv zu unterwerfen. Seine Vorstellung war es, die infantilen Wünsche des Patienten zu befriedigen, um so an infantiles Material aus einem früheren plastischeren Stadium zu gelangen.

Ich fragte ihn«, fuhr Freud fort, »ob er damit Resultate erzielte. ›Nein, noch nicht‹, sagte er, aber er erwartete es. Wenn nun aber ein Vater sich einem jeden Wunsch seines kleinen Kindes überließe, so würde dadurch eine adäquate Erziehung unmöglich gemacht. Der Vater muß das Kind erziehen. Und auch der Analytiker darf sich nicht den infantilen Wünschen des Patienten ausliefern. Ferenczi versuchte die Rolle eines überzärtlichen Vaters zu spielen, um die Liebe, die er einst nicht erhielt, zu geben, und um von seinen Patienten geliebt zu werden. Dies war sein Geheimnis. Schon mehrere Jahre vor seinem Tode war er krank. Und während seiner Krankheit trat diese Tendenz, Liebe zu geben und zu bekommen, auf Grund der Entbehrung in der Kindheit, zutage.«

Ich fragte Freud, was er tun würde, wenn ein Patient darauf bestünde, sich aufzusetzen, oder eine Puderquaste benutzte für ein Make-up während der Analyse. »Ich würde es nicht erlauben«, antwortete er. »Ich würde sagen: ›Sie begeben sich aus der analytischen Situation.‹«

Später fragte ich ihn: »Würden Sie, am zweiten oder an einem der folgenden Tage, damit fortfahren, einen Traum zu analysieren?«

»Ja«, erwiderte er, »es sei denn, ein neuer Traum tauchte auf, dann würde ich den alten beiseite lassen und mit dem neuen beginnen ... doch stellt man fest«, fuhr er fort, »daß es auf einen Widerstand hindeutet, wenn ein Patient mit einem neuen Traum kommt, bevor der alte analysiert ist.«

Auf eine Frage, die sich auf seine Kinder bezog, sagte Freud, daß er drei Söhne hätte, die alle Deutschland hatten verlassen müssen. Der eine wäre Architekt in London, der andere Ingenieur in Frankreich, und der dritte Rechtsanwalt in Wien.

»Kein Jude«, sagte ich, »kann Gerechtigkeit in Deutschland erwarten. Darum sollten sie es verlassen, wenn sie es können.« Freud stimmte zu.

Im Verlauf der Assoziationen zu meinem Traum sagte Freud: »Ich habe den Eindruck, daß Sie enttäuscht und unzufrieden waren, daß Sie noch vor Ablauf der Zeit gehen wollten, daß Sie ein Mitglied meiner Familie zu sein wünschten.«

8. August 1935

Ich kam mit einem Traum, doch hatte ich Schwierigkeiten, seine Bedeutung zu finden.

»Sie scheinen etwas zurückzuhalten«, sagte Freud. »Es ist besser, sich nicht auf das vorzubereiten, was man sagen wird. Sie sollten eine mehr passive Haltung einnehmen.« Er fügte hinzu, daß meine Stimme anders klänge; er könne mich nicht so gut verstehen. Auch bedeckte ich meine Augen, und er fragte sich, was dies wohl zu bedeuten hätte. Ich erklärte, daß meine Augen mich schmerzten. Er fragte mich auch, warum ich in letzter Zeit so oft auf meine Uhr schaute. Vielleicht bedeutete es, daß ich mich langweilte, oder das Gefühl hatte, daß er mir keine volle Stunde geben würde. Hingegen wäre die letzte Stunde sehr interessant gewesen, aber meine Uhr sei genau 40 Minuten nach der Stunde stehen geblieben.

»Sie sehen, wie schwierig es für mich ist, die Bedeutung zu verstehen, bevor ich die Assoziationen habe«, kommentierte er. »Die Dinge können so viele Bedeutungen haben.«

Schließlich sagte mir Freud gegen Ende der Stunde, daß der Universitätsdirektor im Traum offensichtlich er, Freud, wäre, und daß mein Wunsch, der Rektor möge leben, sicherlich auf einen Todeswunsch hinweise.

Ich sagte: »Gewiß ist einer der Gründe meines Widerstandes die befremdliche Frage, die ich Ihnen stellen wollte. Ich habe die Absicht, mit fünfundsechzig Jahren meine Autobiographie zu schreiben und offen darzustellen, welchen Eindruck die amerikanische Zivilisation auf mich gemacht hat. Ich möchte dabei auch Material verwenden, das Sie mir vermittelt haben, und auch meine Eindrücke von Ihrer Person. Dies ist die befremdliche Frage, die ich stellen wollte.«

Freud fragte mich, warum ich mit der Niederschrift meiner Autobiographie erst im fünfundsechzigsten Lebensjahr beginnen wollte. Ich erwiderte, daß sie gewisse Leute verletzen könnte, und daß ich warten wolle, bis ich in den Ruhestand gehen könne.

Daraufhin sagte er: »Ich verstehe nicht, warum die Frage so befremdlich sein sollte. Sie haben Ihre persönlichen Beziehungen zu mir, und es steht Ihnen frei, zu schreiben, was Sie wollen.«

Ich antwortete: »So viele, die Sie kennengelernt haben (wie zum Beispiel Wittels), haben — mir fällt das richtige Wort nicht ein.«

»Unheil angerichtet«, interpolierte Freud.

»Ja«, sagte ich, »doch das ist nicht das Wort.« Schließlich

fiel es mir ein: »haben aus Ihnen Kapital geschlagen.«

»Ah«, sagte er, doch dann wiederholte er: »Es steht Ihnen frei, zu schreiben, was Sie wollen.«

9. August 1935

Vergangene Nacht hatte ich mehrere seltsame Träume und schlief nur schlecht. Ich kam ungefähr zehn Minuten zu früh zu der Sitzung, und fand Frau Freud an dem Gartentisch sitzend, wie sie für das Mittagessen Bohnen in kleine Stücke schnitt. Sie ist eine rundliche, matronenhafte Frau mittlerer Größe. Sie hat einen süßen Mund und einen graziösen, freundlichen Ausdruck. Sie schien ziemlich schüchtern. Ich bemerkte, daß ich mich verfrüht hätte, und daß der Garten ruhig und schön wäre. Ihre Antwort war ein Lächeln und ein Kopfnicken, doch sie sagte nichts. Etwa fünf Minuten vor der Stunde kam das Dienstmädchen und rief mich. Sicherlich wollte der Professor seiner Frau die Verlegenheit ersparen. Von nun an werde ich immer ganz pünktlich erscheinen.

Freud hatte gesagt, es weise auf einen Widerstand hin, wenn jemand einen neuen Traum bringe, bevor der alte analysiert sei. Als ich ihm erzählte, daß ich mehrere Träume mitgebracht hätte, sagte er: »Nun, nehmen Sie den, der den größten Eindruck auf Sie machte.«

Der Traum enthielt Episoden über ein Tier mit rauhem, braunem Fell, das einem Hirsch oder einer Antilope glich; die Assoziationen führten zu Annas Hund und dem Hund des Professors.

Während der Stunde klopfte jemand an die Tür. Es war Ettinger, der sich verabschieden wollte. Als es klopfte, bellte Freuds Hund, und nachdem Ettinger gegangen war, sagte Freud stolz: »Sie sehen, wie er Wache hält.« Dies erinnerte mich an die Episode im Jahr 1929, als ich darum bat, während der Analyse den Hund aus dem Raum zu nehmen.

»Es war nicht dieser Hund, oder?« fragte Freud.

»Nein, es war Annas Hund«, erwiderte ich.

»Oh, . . . Wolf«, sagte er, als ob es eine Beleidigung seines Hundes wäre, zu behaupten, er störe die Analyse. Tatsächlich liegt er gewöhnlich ruhig an der Tür. Einmal, als er laut an einem Knochen nagte, bat ihn Freud, damit aufzuhören, was er prompt tat. Unlängst jedoch war er draußen und knurrte mich an, als ich ging. Ich erwähnte dies Freud gegenüber.

»Sie angeknurrt?« wiederholte er, wie erstaunt darüber, daß sein Hund zu so etwas fähig wäre.

Ich sagte: »Ja — Sonnabend beim Gehen. Bevor er mit mir Bekanntschaft geschlossen hatte.«

Während ich zu dem Traum assoziierte, kam ich auf die Bücher von Graves *Ich, Claudius* und *Claudius der Gott*. Freud, der sie beide gelesen hatte, stimmte mir darin zu, daß Claudius einen Anfall katatoner Dementia praecox hatte, und daß Claudius ein Fall der Little'schen Krankheit (Geburtsschädigung) war, über die er eine Monographie geschrieben hatte, bevor er sich der Psychoanalyse zuwandte. Auch er war der Meinung, daß Claudius' Geburtsschädigung seinen Intellekt nicht in Mitleidenschaft gezogen hatte, doch meldete er eine Kritik an den Büchern von Graves an. Die Schriftsteller dieser Zeit (einige von ihnen Republikaner), die von dem Herrscher berichten, waren ihm nicht freundlich gesonnen, und zweifelsohne waren sie keine korrekten Berichterstatter der Situation. So mag etwa Livia überhaupt keine »gemeine Hexe« gewesen sein.

In einem Gespräch über die Technik der Psychoanalyse fragte ich Freud, ob er befürworte, noch vor der eigentlichen Analyse mit dem Patienten über mehrere Stunden ein Gespräch zu führen — oder aber die Analyse mit einigen Diskussionsstunden zu beginnen.

Er erwiderte: »Bei einem Ausbildungskandidaten mag dies zulässig sein, nicht jedoch bei einem Patienten, der zur Behandlung gekommen ist.«

Ich fragte ihn nach P. und dessen Angewohnheit, Frauenunterwäsche zu tragen. Freud stimmte überein, daß dies auf eine Mutteridentifikation gegenüber dem Vater hinweise; es könnte jedoch auch sein, daß er nicht zwischen den Geschlechtern differenziere — seine Phantasien, so fuhr Freud fort, müßten mit Vorsicht behandelt werden. In solchen Fällen sind sie oft derart entstellt, um noch primitivere Reaktionen zu verdecken.

Ich fragte Freud, ob er seine *Traumdeutung* in einem Sommer geschrieben habe. »Den ersten Entwurf«, erwiderte er. »Natürlich war bei einer späteren Revision noch viel daran zu tun.«

»Es war eine erstaunliche tour de force«, sagte ich. »Je mehr ich in dem Buch lese, desto erstaunlicher erscheint es mir ... Und«, fuhr ich fort, »sie sind so sicher — das heißt, ihr Strich ist so sicher — da gibt es kein Fuchteln. Sie zögern nicht, zu sagen ›Träume sind immer so oder so‹.«

»Vielleicht«, erwiderte er. »Meine Sicherheit verdankt sich dem Enthusiasmus des jungen Entdeckers.«

10. August 1935

Sonnabend war kein erfolgreicher Tag, so schien es. Ich schlief schlecht. Freitag abend war ich ins Bristol Hotel umgezogen; da es mir zu laut war, zog ich wieder zurück in die Pension Atlanta. Der Professor schien ein wenig gelangweilt oder müde. Vielleicht lag es an meiner Verfassung.

Ich sprach von P. und versuchte, den Mechanismus zu verstehen, der zu Homosexualität führt. Freud sagte: »Wenn eine Mutter zu zärtlich mit einem Kind — das heißt, einem Jungen — umgeht, entsteht oft Homosexualität.« Ich nehme an, er meinte, als eine Abwehr inzestuöser Gefühle.

Sodann sprach ich von Herrn W., von meiner Unfähigkeit, seine wachsende Übertragung zu erkennen und seinen Zorn — seinen paranoiden Zorn auf mich. Ich sagte: »Ich war ein wenig bestürzt über seine so dicht strukturierte Paranoia — eine, die ich nicht durchbrechen konnte ... ich frage mich oft«, fuhr ich fort, »ob meine Reflexion derart verdreht ist.« Der Professor sagte nichts dazu.

Noch über Herrn W's Haltung sprechend, sagte ich: »Eine homosexuelle Haltung seitens des Mannes muß nicht notwendigerweise femininen Charakters sein, doch ist es eine infantile Haltung.«

Margaret hatte diesen Vorschlag gemacht, der meine Zustimmung fand. »Nun, in einigen Fällen mag dies so sein«, kommentierte Freud, »doch es scheint nicht immer zuzutreffen.«

Als ich sagte, daß Herr W. angekündigt hatte, er würde nicht mehr wiederkommen, machte Freud einen Ausruf — aber ich fügte eilends hinzu, er sei wiedergekommen. Später sprach Freud von P. als einem Fall von Infantilismus. Aber er ermutigte mich nicht, als ich von meinem Gefühl sprach, ungeschickt mit Herrn W. umgegangen zu sein. Er sagte nur: »Der Mechanismus der Homosexualität ist nicht klar.«

Schließlich, als ich über die erste Presbyterianische Kirche von New Rochelle und ihren Pastor sprach, mit dem ich über Bibellektüre diskutiert hatte, erwähnte ich, daß ich für mein Bibelwissen von einem Freund fünf Dollar gewonnen hätte. Ich fuhr fort: »Es herrscht allgemein die Ansicht, Ruths Wort ›Rede mir nicht darein, daß ich dich verlassen sollte‹ sei an den Ehegatten gerichtet. In Wirklichkeit sagt sie dies zu ihrer Schwiegermutter.«

Freud sagte, er sei der Meinung, es sei an den Ehegatten gerichtet. Ich wiederholte, daß dies nicht der Fall sei. »Ich werde nachschauen«, sagte er.

Ich vergaß zu notieren, daß wir unlängst über den Vertrag von Versailles und Wilson diskutierten. Ich bemerkte, daß Wilson von Lloyd George und Clemenceau mitgespielt worden war.

Freud antwortete: »Wilson war ein absoluter Ignorant.«

12. August 1935

Ich fragte Freud nach seinen neuen Vorstellungen über Angst, wie sie skizziert werden in einer Fußnote meiner Ausgabe der *Traumdeutung*.

»Wie Sie wissen«, erwiderte er, »haben sich unsere Vorstellungen über Angst seit dem Erscheinen dieses Buches nicht unerheblich geändert. Lesen Sie dazu das entsprechende Kapitel in den *Neuen Vorlesungen zur Einführung in die Psychoanalyse.*«

Sodann erzählte ich dem Professor von unseren Funden und unseren Theorien über das Problem des Stotterns. Am Ende einer fünfzehnminütigen Exposition sagte ich: »Wir haben herausgefunden, daß es zwei Typen des Stotterns gibt: einmal ist der Organismus involviert, das andere Mal die Sprache.« Dazu gab ich Beispiele.

Freud äußerte weder Zustimmung noch Ablehnung. Ich hatte das Gefühl, daß er von unseren beiden Typen nicht sehr beeindruckt war. Weiterhin sagte ich, daß wir in unseren Fällen eine Akzentuierung der analerotischen Impulse, die auf die oralerotische Zone übertragen worden waren, entdeckt hatten. Es bestand eine passiv-homosexuelle Tendenz, sowie Kastrationsangst. Aber, so sagte ich, wir wollten von diesen wenigen Fällen nicht verallgemeinern. Und ich erzählte ihm die Geschichte von einem meiner Freunde, mit einer negativen Einstellung, den ich eines Tages auf einem Gang durch die Farm der Universität begleitete. Als wir an einem Feld vorbeikamen, auf dem einige frisch geschorene Schafe weideten, sagte ich: »Wie ich sehe, haben sie die Schafe geschoren.«

»Nun«, erwiderte mein Freund, »zumindest auf einer Seite.« Das war das Äußerste, was er zu sagen bereit war.

Freud lachte herzlich. »Sehr gut«, kommentierte er. Dann sagte er: »Ich habe nicht viel Erfahrungen mit Stotterern gemacht. Ein Fall war der eines Mannes namens Arthur. Er fing im Alter von vierzehn Jahren zu stottern an. Er sagte:

›Ah! Ah!‹ — was im Deutschen soviel heißt wie aufs Klosett gehen. Dies war ein Beispiel für einen analerotischen Ursprung. Ich bin mir nicht sicher, was die passiv-homosexuelle Seite betrifft, die Sie erwähnen. Es scheint, daß es zwei divergierende Impulse gibt. Ich bin sicher, daß es wahrscheinlich viele verschiedene Mechanismen in den verschiedenen Fällen gibt.«

Ich fragte ihn, ob er immer noch, wie früher, das Gefühl hätte, daß organische Faktoren beim Stottern eine Rolle spielten. »Ja«, antwortete er, »es muß irgendeine körperliche Tendenz geben.« (Er benutzte ein langes deutsches Wort, das körperliche Tendenz oder Bereitschaft bedeutete.) »Denn, im einen Fall wird es ein Asthma, im anderen ein Tic . . . und so weiter.«

Er schien nicht mit mir übereinzustimmen, als ich von Basis-Ganglion-Typen sprach.

13. August 1935

Gestern nachmittag fühlte ich mich sehr müde. Nachdem ich eineinhalb Stunden geschlafen hatte, ging ich in die Stadt. Ich fühlte mich richtig unwohl. Meine Beine waren schwer, Schauer überliefen mich, ich fühlte mich zugleich kalt und wie in heißem Schweiß gebadet — richtig krank. Die einzige Erklärung dafür sah ich in einer leichten Sinusinfektion, die ich mir letzten Sonntag beim Schwimmen geholt hatte.

Als ich mit dem Professor darüber sprach, sagte er: »Sicherlich gefühlsbedingt — gestern war das Wetter sehr mild — und dann machen einen diese Tage ja auch sehr müde.«

Ich erzählte von dem Traum der letzten Nacht, der mit dem Prinzen von Wales und der Königin Victoria zu tun hatte, und ihrer Unfähigkeit, meine Anrede zu verstehen, sei es, daß sie taub ist, sei es, daß meine schlechte Aussprache daran schuld ist. Ich lehne mich über das Balkongeländer und schreie ihr zu: »Sie sind noch immer Herrscherin ihres Reiches, und trotz ihrer Taubheit können Sie noch immer regieren.«

Natürlich stellte sich heraus, daß ich die Königin Victoria mit Freud gleichsetzte, und der Professor war von dem Traum sehr amüsiert. »Oh«, sagte er, »ich bin zwar etwas schwerhörig, aber wenn Sie ein wenig langsamer und ein wenig lauter sprechen — nicht brüllen —, kann ich alles mitbekommen.«

Es gab anderes in dem Traum, aber es führte mich nirgendwo hin. Am Ende der Stunde sagte Freud: »Es gibt da noch ein Geheimnis, zu dem wir noch nicht gelangt sind.«

Ich vergaß zu notieren, daß ich Freud unlängst von Margarets Meinung erzählt hatte, ein gewisser Anteil des Vorteils gegenüber Juden lasse sich zurückführen auf die Angst, welche die Beschneidung in der Vorstellung von Nichtjuden erzeuge. Ich sagte, daß ich ihr darin nicht zustimmte, und fragte Freud, ob er es täte. Er sagte, nein.

14. August 1935

Ich fragte den Professor, ob es statthaft sei, Patienten — welche einen starken Widerstand zeigten in ihrer Behauptung, sie würden von der Analyse nichts haben, und die an dieser Meinung festhielten — zu fragen, was sie denn von der Analyse erwarteten, und welcher Art die Schwierigkeiten wären, die sie verstehen und behoben sehen möchten.

»Warum nicht?« antwortete er.

Wir diskutierten noch einmal den Traum von der Königin Viktoria. Es ergab sich, daß ich die Königin auch mit meiner Großmutter gleichsetzte — und so war ich der Prince of Wales, da die Königin Victoria ja seine Großmutter war. In Wirklichkeit war meine Großmutter auch meine Mutter, da sie mich von früh auf erzogen hatte. Wir sprachen über Aspekte der Homosexualität und die Beziehung meiner Großmutter zu dem Professor, den ich in eine Frau, die Victoria, umgewandelt hatte.

Später sprach ich Fragen der analytischen Technik an. Am

Ende der Stunde sagte Freud: »Vielleicht sind Sie allzusehr um Ihre Patienten besorgt.« Dann fügte er hinzu: »Sie müssen Sie treiben lassen. Sie sollen selbst ihr Heil finden.« Er zitierte einen Diener in einem Theaterstück, der immer und immer wieder sagte: »Keine Sorge — es wird sich von selbst finden.«

15. August 1935

Heute war ich in einer recht geruhsamen Stimmung. Ich fragte den Professor nach Mrs. G. Er sagte, sie scheine für die Analyse geeignet zu sein — ihre Anhänglichkeit an den Vater sei sicherlich zurückzuführen auf ihre Beziehung zur Mutter. Es würde notwendig sein, ihre homosexuellen Beziehungen zu ihrer Mutter zu analysieren, um den Grund für ihre Anhänglichkeit an den Vater aufzudecken.

Anschließend sprach ich über den unbeugsamen Willen und die Entschlossenheit meiner Mutter, die Lehrerin wurde in einer Gesellschaft, in der Frauen nicht zu arbeiten hatten . . . über meine Großmutter und ihre Liebe, ihre altmodische, rigide Disziplin, über ihr Trinken während ihres letzten, senilen Lebensjahres, obwohl sie doch immer eine Abstinenzlerin gewesen war. Ich sprach über ihren Eigensinn — und auch über den des Professors, der nicht in die Vereinigten Staaten kam, um sich zahnärztlich behandeln zu lassen.

Dann fragte mich Freud nach meiner Meinung über den Dekan der Harvard'schen Zahnklinik, doch ich kannte den Namen des Mannes nicht, obwohl dieser offensichtlich als ein Experte galt. Anscheinend war er einige Jahre zuvor in Paris gewesen, und Dr. Ruth Brunswick, Freuds ergebene Freundin, hatte ihn zum Kommen bewegt, um den Professor zu untersuchen.

»Er benötigte drei Wochen, um meine Gaumenplatte zu fixieren, und verlangte 6000 Dollar«, sagte Freud, »und es war nicht besser als zuvor.«

Ich sagte, daß das Honorar ungeheuerlich wäre. Freud konnte sich des Namens des Mannes nicht entsinnen, doch sagte er, daß dieser als einer der besten Spezialisten für Gaumenplatten in den Vereinigten Staaten gelte. Ich sagte darauf, daß ich dies sehr stark bezweifeln würde.

Sodann sprach ich von dem jüdischen Volk — ein paar wenigen jüdischen Stämmen an den Kreuzwegen der Welt, die einen Monotheismus entwickelten, ein ethisches System, einen Gott, den ganz Europa anerkannte, und um dessentwillen es doch die Juden haßte — ein weiteres Wunder ... Der Professor gab einen Ausruf von sich, der Ausdruck seiner Zustimmung war.

Ich fuhr fort: »Ganz nüchtern beurteilt, halte ich Sie für einen der größten Geister aller Zeiten. Gegenwärtig sind Sie und vielleicht Einstein die beiden größten Geister der Welt — und beide Juden.«

Später kam ich auf Amerika zu sprechen. Bei einer früheren Gelegenheit hatte sich Freud kritisch über dieses Land geäußert, indem er sich auf dessen armselige Bildung und Kultur bezog. Ich kann ihn nicht genau zitieren, doch soweit ich mich erinnere, sagte er: »Ihr Amerikaner seid ungefähr so: Knoblauch ist gut, Schokolade ist gut — also tun wir doch ein bißchen Knoblauch auf die Schokolade und essen wir's.«

Ich erinnerte ihn an diesen Ausspruch und sagte: »Ich finde, Sie sind nicht fair gegenüber den Amerikanern. Sie dürfen nicht vergessen, daß sie eine Demokratie sind. Die Söhne der Bediensteten und Bäcker gehen aufs College. In England und Europa gibt es eine Aristokratie des Geistes, die eine bessere Ausbildung erhält. Doch wir sind frei, und wir haben einen freien Idealismus. Und es ist mein Glaube, daß die Psychoanalyse ihren fruchtbarsten Boden in den Vereinigten Staaten finden wird — oder zumindest unter den 275 Millionen, die Englisch sprechen. Denn meiner Meinung nach werden die Englisch sprechenden Menschen, und wahrscheinlich die Russen, über die künftige Zivilisation entscheiden.«

Meiner optimistischen Ansicht über die Psychoanalyse in den Vereinigten Staaten hielt Freud entgegen: »Ich würde glücklich sterben, wenn ich dieser Meinung sein könnte, doch im Augenblick kann ich kein derartiges Anzeichen sehen. Sie wird in den Vereinigten Staaten eher mißbraucht.

Darin stimmte ich ihm zu, gab jedoch meinem Glauben Ausdruck, daß wir in der Zukunft einen Wandel erleben würden . . . »Aber warum sage ich das alles?« unterbrach ich mich.

»Es scheint eine Art Exhibitionismus zu sein«, erwiderte Freud.

Weiterhin sprach ich davon, daß unser höchster Gerichtshof die Rechte der Bürger sichert — wobei ich das neue Gerichtsverfahren erwähnte, das den Negern in dem Scottsboro-Fall gewährt worden war. Ich bemerkte, daß Cardozo übereinstimmend für den höchsten Gerichtshof vorgeschlagen worden war — und daß von den neun Männern dieser mächtigsten judikatorischen Körperschaft zwei Juden seien.

»Und daß Königin Viktoria sich einen Juden als Premierminister nahm — ist das weniger?« sagte Freud.

»Nein«, konzidierte ich. »Die Briten sind so demokratisch wie nur irgendein Land auf der Welt.«

Nach meiner Stunde fühlte ich mich ein wenig entmutigt, als ob ich kindisch gewesen wäre und vor dem Professor angegeben hätte. Als ich dies dem Professor sagte, erwiderte er: »Ja — aber ich bin sicher, daß es da noch einen tieferen Grund gibt.«

Ich vergaß, zu erwähnen, was Freud unlängst sagte, als ich ihn fragte, ob es nicht schwierig wäre, den Ehegatten von Dr. Brunswick zu analysieren, angesichts der früheren gesellschaftlichen Beziehungen zu ihm.

»Es macht die Analyse schwieriger«, antwortete Freud, »doch es läßt sich meistern. Die Brunswicks sind seit zehn Jahren unsere Freunde.«

Ich fragte ihn auch, ob Bruder und Schwester, oder Ehemann und Ehefrau zur gleichen Zeit analysiert werden könnten. Er erwiderte, daß es zweifellos schwieriger sei, doch mitunter notwendig.

17. August 1935

Heute war es schwül. Ich lief nach Grinzing und mußte mich beeilen, um pünktlich zu sein. Gestern hatte es geregnet, und das kleine Dienstmädchen hatte mir einen Schirm gegeben, um zur Straßenbahn zu gehen. Es fiel mir schwer, daran zu denken, ihn zurückzugeben, doch schließlich tat ich es und händigte ihn ihr aus, als sie kam, um mich dem Professor anzukündigen. Wie üblich stand er in der Mitte des Raumes. Und wie immer kam er auf mich zu und begrüßte mich mit einem Handschlag. Manchmal erfaßte er nur die Spitzen meiner Finger, so schnell und gewandt sind seine Bewegungen.

Ich saß auf der Couch und fragte ihn, ob er eine Ausgabe seiner *Traumdeutung* für mich signieren würde — die, in der ich studiert hatte. »Wenn Sie jedoch so etwas gewöhnlich nicht tun«, fügte ich hinzu, »so verstehe ich das durchaus.«

»Warum nicht — für Sie?« antwortete er. Er nahm das Buch, beugte sich über seinen Schreibtisch und betrachtete den Band für ein, zwei Augenblicke, indem er ein wenig blätterte. Dann schrieb er bedächtig und langsam zwei Zeilen in Deutsch:

Meinem lieben Dr. Smiley Blanton
17 — 8 — 1935 — zur Erinnerung

Ich verbrachte einige Zeit damit, drei neue Träume zu analysieren. Sie alle schienen infantile Wünsche nach Liebe von seiten des Professors darzustellen — nach Passivität in Beziehung zu ihm als meinem Führer — doch drückten sie auch meine aktive heterosexuelle Einstellung aus.

Was diese Wünsche betraf, stimmte Freud mit mir überein.

Anschließend fragte ich ihn, ob es nicht ratsam sei, meine Analyse in einer Selbstanalyse meiner Träume fortzusetzen. »Ja«, sagte er, »das ist eine Möglichkeit, Ihre Analyse fortzusetzen.«

Ich sagte: »Ich scheine keine tiefgehende Neurose und Störung zu haben, die mich davon abhalten könnte, die Analyse erfolgreich zu praktizieren.« Er gab einen Ausruf der Zustimmung von sich. Dann fuhr ich fort: »Ich bekam nicht, was ich erwartete, nämlich Ratschläge über Analyse und Patienten. Doch ich bekam etwas Wertvolleres — ein besseres Verständnis meiner selbst und eine Hilfestellung für das Analysieren von Träumen.« Wieder machte der Professor einen zustimmenden Ausruf.

In der Analyse des letzten Traumes identifizierte ich mich mit dem Hund: Jemand trug mich weg, doch ich wollte gerne bleiben.

Schließlich sagte ich: »Dies ist das Ende. Ich habe eine schwache Hoffnung, nächsten Sommer zurückkehren zu können — genug Geld herbeizuschaffen, um es zu realisieren, sofern Sie mich sehen könnten.«

Freud erwiderte: »Es tut mir leid, daß ich nicht versprechen kann, auf Sie zu warten.«

»Ihr Gesundheitszustand scheint sehr gut zu sein«, sagte ich. »Ich hoffe, daß die Nöte der Welt« — er verstand, daß ich die Verfolgung der Juden meinte — »Sie nicht allzusehr belasten und unglücklich machen. Ich erinnere mich an eine Zeile eines lateinischen Dichters, dessen Name ich vergessen habe: ›Mag auch die ganze runde Welt sich umkehren, laß uns dennoch unverzagt sein.‹«

Freud identifizierte den Dichter sogleich als Horaz und zitierte die Zeilen in Lateinisch, wobei er hinzufügte: »Es bedeutet: ›Laß uns hinnehmen, was auch kommt‹ — oder wie wir in der Umgangssprache ausdrücken würden: ›Wir können es auf unsere Kappe nehmen.‹«

Ich stand auf. Er gab mir seine Hand, die ich ergriff.

»Leben Sie wohl«, sagte er, wobei er hinzufügte: »Grüßen Sie Ihre Frau von mir.«

»Dies wird sie sehr freuen«, erwiderte ich. »Leben Sie wohl.« Als ich hinausging, wandte er sich seinem Schreibtisch zu.

Ich verließ den Garten von der Rückseite des Hauses und kam zum Tor auf der Straßenseite. Es war offen, so daß ich hindurchschritt, und mich dann umwandte, um es zu schließen. Zu meiner Überraschung sah ich Freud, wie er an einem der Fenster seines Behandlungszimmers stand. Das Haus ist etwa zwölf Meter von der Straße entfernt. Als ich aufsah, winkte er mir Lebwohl. Ich winkte zurück und lüftete meinen Hut. Ich schloß das Tor und als ich nochmals aufblickte, war er verschwunden.

Als ich die enge Straße des altertümlichen Grinzing hinabging, war meinem Sinn unauslöschlich dies Bild eingeprägt: ein fragiler und schmächtiger Mann mit einer feinen und hohen Stirn, grauem Bart und weißem Haar — zum Abschied winkend. Ich muß gestehen, daß meine Augen für eine Weile feucht blieben.

Wien, Sonntag, 1. August 1937

Vergangenen Freitag nachmittag kamen Margaret und ich von Paris mit dem Orient Expreß in Wien an. Eine anstrengende Fahrt, vor allem durch Frankreich. Die deutsche Eisenbahnstrecke war sehr viel angenehmer.

Als ich um 7 Uhr abends bei Freuds anrief, meldete sich Anna Freud. Nach einer Rücksprache mit dem Professor gab sie mir als Termin Sonnabend 5 Uhr. Doch rief sie Sonnabend früh an, um die Stunde auf sechs zu verschieben.

Ich machte mich etwas zu früh auf den Weg, um mich nicht zu verspäten und erreichte um halb sechs Uhr Grinzing, wo Freud wohnt. Für eine kurze Zeit blieb ich an der Straßenbahnhaltestelle, dann schlenderte ich auf das Haus zu. Anna Freud stieg gerade aus ihrem Auto und ich begleitete sie in den rückwärtig gelegenen Garten, wo Frau Freud im Stuhl saß und ruhig nähte. Würdig, schüchtern und mit Anmut grüßte sie mich mit einem Lächeln und wir wechselten einige Worte auf Englisch. Sie erinnerte sich nicht an unsere Begegnung vor zwei Jahren. Sie sprach von Berchtesgaden, wo ich den Professor zum erstenmal getroffen hatte und wie schön es dort gewesen sei. »Und jetzt«, sagte sie, »lebt Hitler dort.«

Um sechs Uhr ging sie ins Haus, offensichtlich, um zu erkunden, ob der Professor bereit wäre, mich zu sehen. Einen Augenblick danach kam ein Dienstmädchen und bat mich ins Haus. Freud empfing mich in der Diele, und als wir sein Arbeitszimmer betraten, gab er mir die Hand. Er betrachtete mich eine kurze Weile und sagte dann: »Gut sehen Sie aus.« Ich ließ mich auf der Couch nieder und wir sprachen für einige Minuten, in denen ich ihm erzählte, daß ich für zwei Wochen bleiben würde und daß Margaret mit mir gekommen wäre.

»Margaret ist mit Ihnen gekommen?« wiederholte er voller Interesse. »Ich würde sie gern sehen.«

Ich dankte ihm dafür und sagte dann: »Ich glaube, ich sollte mich hinlegen und erzählen, was mir in den Sinn kommt.«

»Ja«, erwiderte er. »Machen Sie genau das, was Sie von Ihren Patienten erwarten würden.«

Ich begann mit dem Bericht, daß ich seit meinem letzten Aufenthalt vor zwei Jahren mit meiner Praxis gut vorangekommen wäre — dank seiner Hilfe, der Sicherheit, die mir seine Stunden gegeben hätten, und vielleicht einfach aus Glück.

»Sie haben sich in New York niedergelassen?«

»Ja«, sagte ich.

»Sind Sie aus einem bestimmten Anlaß zu mir gekommen?«

»Nein«, erwiderte ich, »kein bestimmter Anlaß, höchstens

wegen der Hilfe, die Sie mir reichlich geben können, und wegen der Freude, die ich an den Stunden habe.«

Anschließend sprach ich über Lourdes und über unseren Plan, dorthin zu gehen, nach unserer Abreise aus Wien.

»Sind Sie katholisch?« fragte er.

»Nein, ich bin nichts«, erwiderte ich. »Meine Religion ist so ähnlich wie die Ihre, der Sie in der Zukunft einer Illusion Ausdruck gegeben haben. Doch ich glaube, daß Durchschnittsmenschen eine solch freudlose Religion nicht vertragen. Ihre Köpfe sind dafür nicht genügend ausgestattet. Sie brauchen einen idealisierten Vater, von dem sie abhängig sind.«

»Sie haben wahrscheinlich recht«, sagte er.

Freud wußte nichts von der Sanitätskommission in Lourdes. Als wir über die Wunder sprachen, insbesondere über die Heilung der Pott'schen Krankheit, sagte er: »Ich glaube nicht daran.«

Ich fragte ihn, was er von den sogenannten Wundern hielte. Beruhten sie auf Irrtümern seitens der Ärzte? Ich sagte, ich sei überzeugt, daß sie nicht bewußt unaufrichtig wären.

Freud schien da im Zweifel. Nicht daß er etwas sagte, doch ich konnte es an seiner Haltung erkennen. Schließlich sagte er: »Sie kennen mein Vorurteil. Sicherlich kann bei funktionalen Bedingungen geholfen werden, doch glaube ich nicht, daß eine Pott'sche Krankheit geheilt werden kann.«

Ich erwähnte Carrels Versicherung, daß er gesehen habe, wie Krampfadergeschwülste binnen 24 Stunden geheilt wurden. Freud erwiderte darauf nichts, machte aber eine Geste, die soviel wie »weiß nicht« besagte.

Als ich ihm noch Carrels Überzeugung mitteilte, daß Menschen durch das Gebet geheilt werden könnten, sagte der Professor wiederum nichts.

Anschließend sprach ich über Hypnose und den Fall des Mannes, der am Handgelenk sich verbrannt hatte.

»Dies sind authentische Fälle«, sagte Freud. »Ich habe solche Fälle gesehen, als ich bei Bernheim war.«

Während der Stunde sprach ich von Dr. Lidells Fällen in seinen Studien über Tiere: über die Möglichkeit, Schweinen und Schafen (die einen Nervenzusammenbruch hatten) mittels einer Übertragung zu helfen; und von der Beziehung der Psychoanalyse zu seiner Arbeit. Freud schien dies zu interessieren, doch erwiderte er nichts darauf. Ich erwähnte, daß das Ausbildungsinstitut der New Yorker Psychoanalytischen Vereinigung Dr. Jago Galdstone abgelehnt hätte, worauf Freud sagte: »Dies scheint ein recht beschränkter Blickpunkt.«

»Das finde ich auch«, erwiderte ich. Dann sagte ich ihm, daß mich Jago gefragt hatte, ob Freud ein Buch für ihn signieren würde, und daß ich versprochen hatte, diese Bitte zu übermitteln, daß deren Erfüllung jedoch von Freud abhängig sei. Darauf sagte der Professor nichts . . . das wäre also erledigt. (Ich hatte ihm in Erinnerung gerufen, wer Jago ist, und auch von der Medizinischen Akademie in New York gesprochen.)

Dann sprach ich von der Familie S., insbesondere von T. Freud und sagte: »Frau S. ist eine Patientin von mir.«

»Ja«, antwortete ich. »Herr S. hat mir davon erzählt und Frau S. ebenfalls.« Dann fuhr ich fort: »Jetzt denke ich an Herrn S., der mir erzählt hat, daß seine Mutter Ihnen geschrieben habe, um zu erfahren, ob ich für die Behandlung eines Stotterers geeignet sei, und daß Sie dies bejaht hätten. Als sie Sie aber fragte, ob ich ein guter Analytiker wäre, hätten Sie den Kopf geschüttelt. Ich erwiderte, daß ich wüßte, wie so etwas entstellt wiedergegeben würde, sollte es aber zutreffen, so würde ich den Professor nicht geringer schätzen — nur daß er sich irrte.«

Freud erwiderte, daß nichts dergleichen passiert sei. Ich diskutierte sodann noch einige weitere technische Aspekte des Falles, doch gab Freud nur spärliche Kommentare.

Nochmals auf Lourdes zurückkommend, sagte ich: »Glauben Sie nicht, daß ich ›religiös‹ werde. Margaret ist sogar von noch distanzierterem wissenschaftlichen Interesse.

Ich werde mit ihr zusammen in Lourdes sein.«

»Gut«, sagte Freud, »sie wird Sie davor bewahren, allzusehr religiös zu werden.«

Sein abschließender Kommentar über Lourdes und die Wunder war: »Wie die Italiener sagen, ›Vielleicht ja, vielleicht nein‹.«

Sodann diskutierten wir, welche Stunde am besten passen würde. Es gab die Wahl zwischen 12 Uhr oder 5 Uhr, und ich sagte, daß ich lieber um 12 Uhr käme. »Gut, kommen Sie Montag um 12 Uhr«, sagte Freud, »und ich werde Sie es wissen lassen. Ein Herr hat die Stunde, aber ich werde sehen, ob ich es ändern kann.«

»Ganz wie es Ihnen paßt«, erwiderte ich, und damit stand ich auf und gab ihm die Hand.

Freud scheint sogar noch kraftvoller und wachsamer zu sein als vor zwei Jahren, als ich ihn sah. Er scheint sehr fragil, aber seine Bewegungen sind wie immer rasch. Und es war offensichtlich, daß sein Geist nichts an Wendigkeit und Witz eingebüßt hatte. Er hört etwas schlecht, aber nicht schlechter als vor zwei Jahren.

2. August 1937

Ich hatte eine unruhige Nacht, da ich, seit ich vor zwei Wochen New York verließ, von einem schmerzhaften Stechen geplagt werde. Ich konnte die Vereinbarung aber einhalten. Der Professor gab mir wie üblich die Hand, als ich den Raum betrat. Ich sagte, als ich mich hinsetzte, daß Margaret seine Einladung sehr gerne annähme und, wann immer er es möchte, käme. Er sagte, daß er sie später sehen würde.

Einige Verwirrung gab es, als ich ihn fragte, ob meine Stunde nun auf 12 Uhr gelegt wäre. Offensichtlich glaubte Freud, daß ich mich auf Margarets Einladung bezöge, welche, wie er sagte, später arrangiert würde. Auf meine Erklärung, daß ich mich auf meine eigene Stunde bezöge, sagte Freud, daß der andere Patient krank wäre, so daß er bis jetzt noch keine Gelegenheit gehabt hätte, mit ihm darüber zu sprechen.

Während der Stunde brachte ich die Frage auf, warum Träume manchmal reine Wunscherfüllungen wären. Freud sagte, daß dies bei Kinderträumen der Fall wäre. Ich sagte, daß ich mich auf Erwachsenenträume beziehen würde, und äußerte meine Vermutung, es wäre dies vielleicht so, weil der Mensch in bestimmten Situationen — zum Beispiel wenn er an Hunger, Kälte oder Einsamkeit litte — zum Überleben diese Phantasiebefriedigung benötige.

Freud stimmte dem zu, fügte jedoch an, daß dabei noch ein anderes Element im Spiele wäre — daß sich der Wunsch, wenn der Widerstand geschwächt sei oder der Wunsch für die Zensur zu stark, in seiner reinen Form Bahn verschaffe. »Ja«, sagte Freud, »das ist so.«

Als ich ging, sagte er: »Ich hoffe, daß Sie dies interessant finden werden.«

Der Professor trug einen dunkelkarierten Anzug, oder vielmehr einen mit feinen Streifen im Gegensatz zu seinem üblichen gelblich-grau-weißen Anzug. In der Tat war er heute ausnehmend elegant gekleidet. Oft sieht er aus, als ob sein Anzug wieder einmal gebügelt werden müßte — obgleich er immer makellos sauber war.

3. August 1937

Anna Freud rief mich diesen Morgen an und verschob die Uhrzeit von 12 auf 4. Es war ein regnerischer Tag; als ich beim Haus ankam, blieb ich im Garten stehen und wartete unter dem tropfenden Baum, bis die Uhr schlug.

Bevor ich mich auf die Couch niederlegte, fragte ich Freud nach einem Hautspezialisten. Ich erzählte ihm, daß ich Dr. Urban getroffen hätte, der mich ins Hospital schikken wollte, aber meiner Meinung nach sei diese Äußerung zu dogmatisch. Der Professor nannte mir den Namen von Professor Königstein. Dann begann ich mit meiner Stunde.

Margaret hatte mir gestern gesagt, daß es aus Gründen der Übertragung gut wäre, wenn sie die zwei Wochen, die ich hier verbrächte, nach Paris ginge. Sie hatte mir vorgeschlagen, Freud nach seiner Meinung darüber zu fragen und ihr seine Stellungnahme mitzuteilen. Als ich heute das Gespräch darauf brachte, erwiderte Freud: »Ich könnte weder ja noch nein sagen.«

»Margaret meint, daß sich die Übertragung störend auf die Analyse auswirken könnte«, sagte ich.

»Ich kann keine Beziehung sehen«, sagte Freud. Ich sagte ihm, daß ich ähnlich empfände.

Anschließend sprach ich davon, daß ich das Parapsychologie Journal der Duke University gesehen hätte, und ich erwähnte die Arbeit von Rhine über Hellsehen und Telepathie. Der Professor kannte diese Arbeit nicht, war aber daran interessiert. In bezug auf Telepathie und Hellseherei sagte er: »Es ist etwas dran.«

Sodann erwähnte ich den Namen von McCord of Albany, worauf Freud sagte: »Wenn Sie Ihre Augen öffnen wollen« — ich behalte beim Assoziieren ein Taschentuch auf meinen Augen — »können Sie etwas sehen, das er mir geschickt hat.«

Ich öffnete meine Augen, und auf einem Tisch in der Mitte des Raums sah ich den Bronzekopf Freuds von der Hand McCords. (Ich hatte bereits eine andere Kopie in den Räumen der New Yorker Psychoanalytischen Gesellschaft gesehen.) Freud scheint ihn nicht für sehr ähnlich zu halten.

Ich sagte: »Ich glaube, die Ähnlichkeit mit Ihnen ist nur gering. Etwas fehlt.«

»Etwas ist auch hinzugekommen«, bemerkte er.

»Und dennoch würde ich Sie erkennen«, sagte ich.

»Sie würden mich darin erkennen?« fragte Freud ziemlich ungläubig.

Ich hatte früher schon den Professor mit Drummond verglichen, und nun bemerkte ich, daß ich durch diesen Vergleich ihn alt und krank machte.

»Sie brauchen dies gar nicht zu tun«, kommentierte Freud. »Sie finden mich so vor.«

»Oh, Sie sind noch immer der gleiche wie der, den ich vor sieben Jahren sah.«

»Ist es schon so lange her?« sagte er. »Wann sah ich Sie das erste Mal?«

Als ich Berchtesgaden erwähnte, sagte er: »O ja, im Sommer 1929.«

»Sie scheinen sich seitdem keine Spur verändert zu haben«, bemerkte ich.

»Nur, daß mein Gehör nicht mehr so gut ist — oder ich sollte vielleicht sagen, es reicht nicht mehr so weit«, erwiderte er.

»Es ist nutzlos, zu verleugnen, daß ich Ihr Englisch nicht mehr so gut verstehe, wenn Sie schnell und undeutlich sprechen und insbesondere, wenn Sie Namen erwähnen.«

»Genau das sagten Sie schon vor sieben Jahren —, daß Sie, wenn ich schnell und allzu undeutlich sprach, mich nicht so gut verstanden.«

»Habe ich das damals gesagt?« fragte er etwas begierig und seine Stimme verriet Gefallen. »Dann trifft es jetzt vielleicht nicht mehr nur aufs Hören zu.« Dann fuhr er aber fort: »Ich muß gestehen, daß mein Gehör mit den Jahren immer schlechter wird.«

Am Ende der Stunde sagte der Professor: »Vielleicht bereiten Ihre Träume Sie auf etwas vor.«

4. August 1937

Als ich heute hereinkam, gab ich Freud die Arbeit von Dr. Lidell über experimentelle Neurosen bei Schafen. Freud warf einen Blick darauf. »Über Schafe«, sagte er und legte das Buch beiseite.

Dann gab ich ihm einen Zeitungsausschnitt über eine psychologische Forschungsarbeit von einem graduierten Studenten der Duke Universität. Freud blickte auf den Titel

»Geisterforschung«. »Über Geister«, war alles, was er sagte.

Dann fragte er mich, ob ich gestern Königstein wegen meiner Hautbeschwerden aufgesucht hätte. Ich antwortete, daß ich ihn im Laufe des Tages sehen würde, und dankte dem Professor noch einmal dafür, daß er mir den Namen genannt hatte.

»Lieber abwarten und sehen, was dabei herauskommt«, war Freuds Antwort, so charakteristisch für ihn.

Im Verlauf der Analyse meines Traumes erwähnte ich Monroe Mayer, den der Professor analysiert hatte. »Ja«, sagte er. »Er hatte eine sehr zufriedenstellende Analyse.«

»Er ist ein sehr netter Mensch«, bemerkte ich, »doch meiner Meinung nach fehlt es ihm an Wärme.« Der Professor sagte nichts.

Ich sprach von Lehrmann. »Er war mit mir eine Saison lang zusammen.«

Dann sprach ich von Brill und fügte hinzu, daß Lehrmann Brill erzählt habe, ich sei mit Freud nur drei Wochen zusammengewesen.

»Er muß gelogen haben«, sagte der Professor.

Dann wiederholte ich eine der Geschichten, die Meyer erzählt hatte, angeblich über Freud — eine jener apokryphen Geschichten, die großen Männern so oft beigelegt werden. Sie handelte von einem amerikanischen Patienten, der sehr gutes Deutsch zu sprechen meinte. Während der Analyse hörte er den Professor regelmäßig und tief atmen. Der Patient begann lauter zu sprechen, aber schließlich hörte er, wie der Professor einen kleinen Schnarcher machte. Der Patient drehte sich um und sagte: ›Herr Professor, sie schlafen.‹

›Es macht nichts‹, war die Antwort.

Als ich geendet hatte, sagte Freud: »Das ist nicht wahr, in meinem ganzen Leben habe ich in keiner Analysenstunde geschlafen . . . und wenn das Deutsch von irgend jemand nicht gut gewesen wäre, hätte ich es ihm sicher gesagt.«

Später sprach ich von meinem zehnstündigen Arbeitstag, und daß dies zu viel sei.

»Nun«, sagte Freud, »ich machte es lange Jahre ... heute natürlich nicht mehr.«

5. August 1937

Als ich heute eintrat, gab mir Freud den Zeitungsausschnitt über psychische Forschung zurück. »Das über die Geister dürfen Sie vergessen, es stimmt nicht«, bemerkte er.

Ich fragte ihn daraufhin, ob es sich nicht lohne, die psychischen Phänomene zu studieren, um entscheiden zu können, ob, oder ob nicht, dies alles Quacksalberei sei, Selbsttäuschung oder irgendeine übernatürliche Macht.

»Ja, ich glaube schon«, sagte er. »Aber es würde soviel Zeit in Anspruch nehmen, die Tatsachen zu untersuchen und sie auf ihre Authentizität hin zu prüfen, daß es ein Leben dauern würde ... und das würde sich nicht lohnen. Nun, Telepathie ist eine Möglichkeit und lohnend sie zu studieren.«

Dann sprach ich von der Notwendigkeit, die sogenannten wunderbaren Heilungen in Lourdes zu studieren, aber er erwiderte nichts.

Ich sprach von meinem Patienten, Herrn R. — von seiner Intelligenz und auch von seiner Art des Argumentierens. Der Professor sagte: »Ja, einige der Ostjuden sind sehr gescheit.« Ich fuhr fort mit der Äußerung, daß dies Argumentieren sehr irritierend sei, und fragte Freud, ob einer seiner Patienten ihn jemals irritierte. Er lachte. »Manchmal«, sagte er.

Während ich im Hof wartete, vor meiner Stunde, kam der Professor auf die Veranda und rief nach seinem Hund, der draußen war. Als dieser kam, streichelte er ihn am Kopf. Es ist nicht der gleiche Hund wie vor zwei Jahren — der jetzige ist ein halbausgewachsener Chow-Chow. Der andere Hund — das erzählte mir der Professor — war gestorben.

»Es ist ein schwerer Schlag, wenn man einen Hund verliert«, sagte ich.

»Ja«, war die Erwiderung. »Es ist sehr hart.«

Ich bemerke, daß Freud noch immer rauchen kann, und das auch oft während der Stunde tut.

6. August 1937

Man bekommt ein Gefühl verstärkter Macht nach diesen Besuchen bei dem Professor. Sie scheinen eine Erhöhung der Aufmerksamkeit zu bewirken, und Beziehungen und neue Konzeptionen, die schlummerten, an die Oberfläche zu bringen.

Heute bat mich das Dienstmädchen, über die Veranda hereinzukommen, so daß ich das Behandlungszimmer direkt betreten mußte und meinen Hut und mein Buch auf den Tisch vor den Professor legen.

»Sie kommen nie ohne irgend etwas Gedrucktes«, bemerkte Freud. (Ich weiß nicht, wie er wußte, daß ich immer ein Buch bei mir habe, da ich es in der Diele zurücklasse. Das Buch ist immer die *Traumdeutung*.)

»Ja«, antwortete ich, »dies ist meine Bibel. Ich trage sie mit mir und lese sie jedes Jahr wieder.« Freud blickte auf das Buch und grunzte.

Als ich mich hinlegte, sagte ich: »Ich habe in dem Buch gerade eine Passage gelesen, in der es heißt, daß bei einer somatischen Angst infantile Wünsche, die sonst eine psychische Angst hervorriefen, diese somatische Angst als Vorwand benutzten, um aufzutauchen. Stimmt das?« Die Antwort war bejahend.

Dann fragte ich ihn nach meinem Patienten Herrn R. und seiner Angst. Ich sagte: »So wie ich es sehe, ist in diesem Fall das primäre Stadium ein Ödipuskomplex, aber er fürchtet dies und wendet sich mit besonders zärtlichen Gefühlen seinem Vater zu.«

»Ja«, antwortete Freud. »Im allgemeinen fürchtet der

Junge aufgrund seiner ödipalen Beziehung zu seiner Mutter die Kastration. Aber wenn er sich einem Vater zuwendet, ist er auch kastriert, da er eine passive Rolle spielt. Entweder hat der Junge zu seiner Mutter eine ödipale Beziehung oder aber er identifiziert sich mit seiner Mutter.

Ein wenig später fügte er hinzu: »Wenn Sie auf Ängste stoßen, wie sie bei R. zu finden sind, haben Sie es immer mit Kastrationsängsten zu tun.

7. August 1937

Heute erwähnte ich Dr. Lidells Arbeit über Pawlow, in der er behauptet, daß bei Tieren die Grundbedingungen für eine Neurose Zwang und Verwirrung sind — nur daß ich das Wort »Frustration« benutzte.

Freud kommentierte: »Es gibt eine deutsche Schule, welche die Neurose auf Frustration zurückführt.« (Er nannte mir den Namen.) »Außerdem«, so fuhr er fort, »glaube ich, daß man die Neurose von Tieren kennenlernt, indem man die analysierten Neurotiker studiert.«

9. August 1937

Über diese Stunde gibt es nur wenig zu berichten. Ich erzählte von einem Traum, war aber nicht in der Lage, irgend etwas mit ihm anzufangen. Gegen Ende sagte der Professor: »Morgen müssen wir aber hinter die Bedeutung ihrer Phantasie kommen.« Die Hälfte der Stunde brachte ich damit zu, über Herrn S. zu sprechen. Freud gab so gut wie keinen Kommentar.

10. August 1937

Heute stattete Margaret dem Professor ihren Besuch ab. Sie war für den Beginn meiner Analysenstunde mit ihm verabredet. Sie war mit mir gekommen und blieb zwanzig Minuten mit Freud in dem Raum.

Als ich eintrat, öffnete Freud gerade einen Reprint, der ihm mit der Post zugesandt worden war. Er näherte sich, schüttelte meine Hand und sagte: »Nun, Margaret ist voller Leben und Tatkraft. Ich freute mich, Sie zu sehen.«

»Es wird als Höhepunkt in ihrem Gedächtnis bleiben«, erwiderte ich. »Sie schätzte die Gelegenheit, Sie zu sehen.«

»Nun«, sagte Freud, »wann war es je schwierig für meine Freunde, mich zu sehen?«

11. August 1937

Als ich heute eintrat, gab ich dem Professor die 1200 Schilling für die 12 Stunden. »Ist es heute der letzte Tag?« fragte er.

»Nein«, sagte ich. »Ich komme am Freitag — das macht insgesamt zwölf Stunden. Ich ging gerade heute zur Bank und holte das Geld ab und dachte es wäre das Beste, es Ihnen gleich zu geben.« Achselzuckend, als ob Geld nicht von Bedeutung wäre, legte er es auf den Tisch.

»Nun«, sagte er, »wir hatten noch einige Punkte, die heute geklärt werden sollten.«

»Zunächst«, begann ich, »möchte ich Sie fragen nach der Terminologie ›Trauminhalt‹, ›Traumgedanken‹ und ›Traummaterial‹. Sind Traumgedanken die Assoziationen zu dem manifesten Inhalt?«

»Die Terminologie ist lax«, sagte Freud, »aber im allgemeinen kann man das behaupten.«

»Und ist das Traummaterial die Bedeutung des Traums, abgesehen von dem Erreger des Traums?«

»Es sollte wohl zugleich die Bedeutung des Traums (den latenten Inhalt) wie den Erreger des Traums umfassen«, erwiderte er.

An einem anderen Punkt in unserer Diskussion sagte Freud: »Sobald sie Kastrationsgefühle beim Manne finden, gehen sie in jedem Falle zurück auf die Urszene, in der der

Junge den Vater in geschlechtlicher Beziehung mit der Mutter sieht und die Kastration fürchtet. Sodann erfolgt eine Identifikation mit dem Vater, um an Männlichkeit zu gewinnen.«

12. August 1937

Heute fragte ich den Professor nach Glauben und Suggestion, fügte indes hinzu: »Vielleicht wollen Sie diese Frage nicht beantworten.«

»Warum nicht?« sagte er. »Ich werde es tun, sofern ich kann.«

Über Glauben sagte er: »Davon bin ich überzeugt: Glaube repräsentiert eine kindliche Beziehung zu den Eltern. Gewiß, wenn er anderen Menschen gilt, so kann dies, wie Sie sagen, eine Übertragung des Glaubens an die Eltern sein. Was die Suggestion betrifft, sind wir nicht so sicher. Da bedarf es noch weiterer Aufklärung. In dem einen Punkt bin ich mir aber sicher — sie ist keine Identifikation. Ferenczi nannte sie eine kindische Beziehung; er reduzierte sie darauf. Ich bin nicht uneins mit ihm, bin mir jedoch nicht sicher.«

Ich erwähnte die Diskussion, welche Margaret und ich bisweilen über dieses Thema hätten. (Ich hatte die Position bezogen, daß man glauben könne, was man wolle — wie zum Beispiel an Gott oder die Jungfrau Maria — solange die Wissenschaft dem nicht entgegenstünde.)

»Ich muß Margaret beipflichten«, sagte Freud. »Man hat kein Recht aus Unwissenheit gläubig zu sein. Gewiß, wenn Leute in ihrem privaten Leben dies oder jenes glauben, würde ich sie dafür nicht verurteilen oder bestrafen. Aber wissenschaftlich haben sie kein Recht dazu.«

13. August 1937

Dies war meine letzte Stunde. Als ich bei dem Haus ankam, fühlte ich mich traurig und wartete im Garten auf mein letztes Treffen mit Freud. Es war ruhig, das Wetter kühler und über der Landschaft lag eine friedliche Stimmung. Mehrmals hörte ich einen Hahn krähen, in einiger Entfernung bellte ein Hund, und große seltsame Vögel auf entfernt stehenden Bäumen gaben Schreie von sich.

Nach ungefähr zehn Minuten bat mich das kleine Dienstmädchen, das ich so lange schon kenne, ins Haus. Der Professor war, wie gewöhnlich, in seinem Raum am Schreibtisch. Ich begrüßte ihn wie immer, er kam auf mich zu und gab mir die Hand. Als ich mich auf die Couch setzte, kam sein Hund ins Zimmer und ich streichelte seinen Kopf. »Er kennt mich und kommt, um mich zu begrüßen«, bemerkte ich. »Ja«, sagte der Professor, »er ist gekommen, um Sie zu sehen.«

Ich begann, indem ich meiner Traurigkeit, gehen zu müssen, Ausdruck verlieh. Dann stellte ich ihm ein paar technische Fragen.

»Manchmal«, sagte ich, »habe ich Patienten mit einem solchen Widerstand, daß sie sich ihrer Träume nicht erinnern können, und als vorübergehendes Hilfsmittel rate ich ihnen, ihre Träume niederzuschreiben. Ist dies der Mühe wert?«

»Nein«, sagte Freud, »es lohnt sich nicht.«

Als Antwort auf meine zweite Frage sagte er: »Träume allein reichen nicht aus, um die Haltung und die Bedürfnisse einer Person zu beurteilen. Man muß deren ganzes Leben in Betracht ziehen. Eine Person kann einen mächtigen Trieb haben und ihn doch unter Kontrolle halten; oder aber eine Person hat nur einen schwachen Impuls und kann ihn dennoch nicht kontrollieren.«

Als ich aufstand, um zu gehen, nahm Freud meine Hand und kam mit mir zur Tür. »Gute Reise«, sagte er auf Deutsch, und dann fügte er hinzu: »Grüßen Sie Margaret von mir.«

Ich sagte, daß ich gerne zurückkäme.

»Wenn ich da bin, können Sie gerne kommen«, erwiderte er. Dann ging er hinaus in die Diele und zu der Veranda, während ich am anderen Ende der Diele hinausging.

Als ich durch das Tor auf die Straße ging und im Begriff war, den Hügel hinunterzulaufen, blickte ich auf das Fenster seines Arbeitszimmers. Freud stand, wie schon einmal, am Fenster und winkte mir zum Abschied. Ich lüftete meinen Hut, dann ging ich den Hügel hinab zum Auto.

London, 30. August 1938

Wir kamen am Montag den 29. August um fünf Uhr in London an. Wir gingen zum Whitehall Hotel, 4 Montague Street. Ich rief in Freuds Wohnung, 39 Elsworthy Road, an, konnte jedoch Anna Freud erst am Abend erreichen. Sie übermittelte mir eine Verabredung mit Freud für den nächsten Tag, fünf Uhr.

Das Haus befindet sich am Rande des Pimrose Hill. Ich kam einige Minuten zu früh an und wurde von Paula, dem kleinen deutschen Dienstmädchen, hereingelassen. Sie trug meine Karte zum Professor. Sein Büro war genau gegenüber der Tür, und ich wartete auf einem Stuhl am Fenster.

Der Patient vor mir, ein Deutsch sprechender Mann mittleren Alters, ging um fünf, und Freud erschien im Vorsaal, um mich willkommen zu heißen. Er schien so voller Energie, so lebendig und wach wie immer. Von seinem Büro blickt man hinaus auf einen Garten, der sich den Pimrose Hill hinabzieht, gegenüber von Regent's Park.

Ein Großteil der ersten Sitzung verging damit, daß wir über Dinge sprachen, die seit unserem letzten Treffen sich ereignet hatten. Ich erzählte dem Professor, wie sehr wir uns über seine traurige Lage gegrämt hätten und daß ich einmal sogar Tränen in Margarets Augen sah, als sie an seine Lage in Wien dachte.

Freud gab einen Laut der Sympathie von sich. »Ich hatte Glück, relativ leicht aus Österreich herauszukommen, dank der frühen und entschiedenen Intervention aus Washington«, sagte er.

Der Professor bestätigte, daß Botschafter Bullitt in Frankreich Roosevelt angerufen hatte und eine Intervention des Präsidenten um Freuds willen erwirken konnte. »Ich kam heraus, wobei ich jedoch alles Geld verlor«, sagte er, »doch gestern trafen meine Möbel und Sammlungen in London ein.«

Als Antwort auf meine Frage, sagte Freud des weiteren, daß Prinzessin Marie Bonaparte einen Teil des Lösegeldes gezahlt hatte, um ihn herauszubekommen. Dann sagte er: »Wir müssen von *Ihnen* sprechen.«

Ich erzählte ihm von meiner Arbeit in der Marble Collegiate Church und erklärte ihm auch, warum ich geschrieben hatte, ich würde nicht kommen, mich dann aber anders entschlossen hatte, als ich seinen Brief erhielt.

Der Professor fragte mich nach Herrn S. und wollte wissen, ob es bei ihm irgendein Anzeichen von Dementia praecox gäbe (die Mutter besteht darauf, daß Herr S. verrückt ist). Ich antwortete, daß keine Anzeichen von Psychose vorlägen, und der Professor sagte, er sei froh, dies zu hören.

Anschließend sprach Freud von der internationalen Situation, wobei er sagte, daß sie »sehr ernst« wäre.

»Ja«, sagte ich, »doch glaube ich nicht, daß Hitler einen Krieg beginnen wird, wenn er realisiert, daß er Rußland, England und Frankreich gegenübersteht und außerdem der Sympathie und vielleicht auch ökonomischen Hilfe des Volkes der Vereinigten Staaten.«

»Man kann nicht voraussagen, was ein Verrückter tun wird«, antwortete Freud. »Sie wissen, er ist Österreicher. Als er Österreich einnahm, schien er . . .« (ich kann mich an Freuds genauen Satz nicht mehr erinnern, doch war er ungefähr von der Bedeutung, daß es ihm »zu Kopfe gestiegen sei«).

Ich meinte, daß Hitlers Stab, Soldaten von Beruf, und

auch seine Minister, auf ihn eine abschreckende Wirkung haben würden.

»Vielleicht«, sagte Freud. »Doch man kann nie voraussagen, was ein Mann wie dieser tun wird.«

»Mir ist verständlich«, bemerkte ich, »daß Hitler eine persönliche Abneigung gegen Sie hat, wegen Ihrer Lehren und wegen der Psychoanalyse.«

»Ich weiß nicht«, entgegnete Freud, »aber ich hoffe es.«

Anschließend erzählte er, daß er täglich von jüdischen Freunden aus Österreich Briefe bekäme, mit der Bitte an die Freuds, ihnen zu helfen, indem sie ihren Einfluß geltend machen. »Wie Sie wissen«, sagte er, »sind wir ganz hilfslos, irgend etwas für sie zu tun.«

Mitten in der Stunde unterbrach er mich mit den Worten: »Ich habe eine weitere Schwierigkeit, die mit dem Alter gekommen ist . . . bitte entschuldigen Sie mich.« Ich vermutete richtig, daß diese Schwierigkeit einer leicht vergrößerten Prostata zuzuschreiben war.

Der Gesamteindruck, den ich von Freud habe, ist der von Scharfsinnigkeit, Frohsinn, Wachsamkeit und sogar Fröhlichkeit. Vielleicht haben sowohl die allgemeine Anerkennung, die ihm in England erwiesen wurde, als auch die Unterstützung seiner Freunde während seiner schwierigen Zeit in Österreich seinen Geist angeregt. Als ich sagte, daß auch weitgehend die Menschen in den Vereinigten Staaten ihm Anerkennung zollten, fragte er: »Scheinen Sie mir und der Psychoanalyse freundlicher gesonnen?« Ich versicherte ihm dies.

Als ich Bezug nahm auf den Vorfall, daß die Royal Society ihm das Buch zum Unterzeichnen gebracht hatte, da er nicht in der Lage gewesen war, das Haus zu verlassen (etwas, das zuvor nur dem königlichen Hause gewährt worden war), sagte er: »Ja, ich kann es Ihnen zeigen.« Ich nehme an, er meinte die Urkunde, die sie ihm überreicht hatten.

»Ist es Ihnen erlaubt, in England zu arbeiten?« fragte ich.

»Ja«, antwortete er mit Emphase. »Ich kann alles tun.«

Am Ende der Stunde erzählte ich einen Traum, den zu analysieren ich nicht genügend Zeit hatte. Der Professor sagte, er würde mit Verdrängungen zu tun haben.

31. August 1938

Als ich heute auf den Professor wartete, plauderte ich mit dem Dienstmädchen Paula. Sie sprach kein Englisch, so daß ich nur wenig von dem verstehen konnte, was sie sagte. Während wir sprachen, kam Anna Freud herein. Nachdem der vor mir bestellte Patient weggegangen war, ging Paula, mir voran, in den Raum und richtete die Couch vor.

Ich verbrachte die ganze Analysenstunde mit der Deutung meiner Träume. Diese hatten zu tun mit dem Wunsch, dem Professor näher zu sein, sowie einer unbewußten Annahme einer Überlegenheit gegenüber Freud und schließlich einem Verlangen nach Jugend.

Am Ende der Stunde beobachtete Freud: »Sie sind wieder wie ein Junge in ihren Wünschen nach Verjüngung.«

Im Verlauf der Stunde fragte ich ihn, ob die Anerkennung und Zuneigung, die ihm in Amerika erwiesen wurden, ihn unserem Lande gegenüber anders empfinden lassen würden. (Er hatte immer einem gewissen Widerstreben gegenüber den Vereinigten Staaten und ihren Ärzten im allgemeinen Ausdruck gegeben.)

Er antwortete: »Nein.«

Ich wies auf den Fortschritt der Analyse in Amerika und sagte: »Ich glaube, daß in dem freien geistigen Klima einer Demokratie wie den Vereinigten Staaten die Analyse einen erheblichen Fortschritt erzielen kann und es auch tut.« Keine Antwort darauf.

Sodann sprach ich von meiner Arbeit an der Marble Collegiate Church; davon, daß ich Patienten sah, die mir von dem Geistlichen überwiesen wurden, und von meinem Plan, ein Buch mit Dr. Peale zu schreiben — die psychiatrischen Aspekte (Angst, Alkoholismus) zu beschreiben und dabei den Geistlichen seine Ansicht äußern zu lassen.

Ich erklärte nochmals, daß jeder von uns ein Thema herausgreifen und es unseren Ansichten entsprechend behandeln würde.

»O ja«, sagte Freud, »das scheint möglich.«

Ich sagte weiterhin: »Ich sehe keinen Grund, warum ich diese kirchliche Arbeit nicht tun sollte, ohne daß es meiner Stellung als Psychiater und Psychoanalytiker Abbruch täte.« Freud erwiderte: »Ich sehe nicht, warum nicht.«

In Antwort auf eine andere Frage des Professors erklärte ich, daß ich, obgleich es eine offizielle Anstellung bei der Kirche wäre, keinerlei Geld bekäme.

»Aber es verleiht Ihnen Ansehen«, sagte er in einem Ton der Zustimmung. Ich sagte, dies träfe zu.

Dann sprach ich von unserer Arbeit in Lourdes und von dem Fall des Iren, der geheilt worden war und den ich persönlich gesehen hatte.

»Glauben Sie es?« fragte Freud.

»Ja«, erwiderte ich, »ich kann an dem Wort der Ärzte — anerkannte irische Doktoren —, die den Fall untersuchten, nicht zweifeln.«

Ich hatte den Eindruck, daß Freud noch immer skeptisch war, doch sagte er nichts. Dann teilte ich ihm unsere Theorie der Kur mit —, daß es eine Übertragung auf die ideale Mutter sei, welcher der Lebensimpuls entspringe. Der Professor sagte, daß dies eine vernünftige These sei.

»Diese Übertragung«, so fuhr ich fort, »bewirkte eine bemerkenswerte Beschleunigung, denke ich, des Heilungsprozesses.« Dann sagte ich: »Menschen primitiver Kulturen erklären oft, daß sie zu einem gewissen Zeitpunkt sterben werden und sterben dann auch, ohne daß eine Ursache ihres Todes zu finden wäre.« Freud sagte, dies verhielte sich so.

»Ich weiß nicht«, fuhr ich fort, »ob die unmittelbare Todesursache in ihrem Fall eine Lähmung des Atmungszentrums oder die Blockierung des Herzmuskels ist.«

»Jedenfalls«, sagte Freud, »geschieht etwas, und also

sterben sie.«

In einer späteren Diskussion einiger technischer Punkte sagte ich: »Wenn man jemanden analysiert und nur wenige Träume hat, ist es unmöglich zu erklären, was der generelle Trend der Gedanken des Patienten ist. Man erfährt nur, was der Patient augenblicklich denkt. Man mag nicht in der Lage sein, anzugeben, wie tief das Gefühl ist, wie kontinuierlich und welchen Einfluß es auf das Bewußtsein des Patienten hat.«

»Ja, Sie haben recht«, sagte der Professor. »Träume bilden eine zusammenhängende Geschichte.«

»Mit anderen Worten«, sagte ich, »der generelle Trend ist entscheidend und nicht irgendein einzelner Traum?«

»Ja«, sagte der Professor.

Meine Träume von heute handelten von dem Gleichen wie meine gestrigen. Ich analysierte einen Teil des letzten Traumes, blieb jedoch gegen Ende der Stunde stecken. Als ich ging, sagte der Professor: »Vielleicht wird Ihnen der Rest des Traums morgen klar sein.«

1. September 1938

Zu Beginn der heutigen Sitzung fragte mich der Professor, ob ich weitere Assoziationen zu dem gestrigen Traum hätte. »Nein«, sagte ich, »aber ich habe drei neue Träume.«

»Also machen wir uns dran«, sagte er, und wir verbrachten die Stunde mit ihrer Interpretation.

Die Widerstände waren sehr groß und hielten an, bis wir deren Grund fanden. Am Ende, als ich die allgemeine Bedeutung herausfand, sagte Freud: »Sie scheinen sich vor etwas zu fürchten.«

An einem Punkt versuchte ich auf die Bedeutung eines rechteckigen Platzes zu kommen, der in einem der Träume aufgetaucht war, und schließlich sagte der Professor: »Wenn Sie ihn verließen und zurückkämen, wäre es einfacher.«

Es ist Freuds Angewohnheit, einen nie bei einem Thema

eines Traums verharren zu lassen, sondern eher zum nächsten Punkt hinzuführen.

Ich bemerkte, daß Freud einen Pekinesen habe und fragte ihn nach seinem Chow.

»Er — oder vielmehr sie — ist in Quarantäne«, erwiderte er, »und wird in drei Monaten herauskommen . . . Dies ist ein Ersatzhund.« Der Pekinese kam an meine Hand und leckte an meinen Fingern. »Sie ist sehr scheu«, sagte der Professor.

Während der Stunde, als wir von der Zeit des Einmarsches der Nazis in Österreich sprachen, fragte ich Freud, ob ihm die Fortsetzung seiner Arbeit möglich war.

»Nein«, antwortete er. »Ich hatte zwei Patienten, aber ich entließ sie und bat sie, wegzugehen. Wenn das Bewußtsein geplagt ist, kann man sich nicht für das Unbewußte interessieren.«

»Konnten Sie mit dem Schreiben fortfahren?« fragte ich.

»Ja, ich konnte schreiben«, sagte er. »Es bestanden einige Beziehungen zwischen der damaligen Situation in Österreich und dem, worüber ich schrieb.«

(Freud arbeitete damals an dem zweiten Teil von »Der Mann Moses«.)

2. September 1938

Heute sah ich den Professor in seinem zeitweiligen Quartier im Hotel Esplanade. Er hatte mir tags zuvor gesagt, daß er aus seinem gemieteten Hause ausziehen müsse, daß jedoch das von ihm gekaufte Haus, das sich in einiger Entfernung befindet, noch nicht bezugsfertig sei. Esplanade ist ein Emigrantenhotel, das von einem russischen Juden geführt wird.

Ich erzählte dem Professor, daß sich Margaret über die Tatsache Sorgen mache, daß er womöglich Englische Küche zu essen habe. Er antwortete, daß das Hotel einen französischen Küchenchef habe und Margaret sich nicht zu sorgen bräuchte, da das Essen ausgezeichnet wäre. Ich sagte: »Englisches Essen ist gräßlich.« Freud stimmte zu.

Ich sagte auch, daß Margaret der Meinung sei, daß die Engländer ihre nasale Erotik verdrängt hätten.

»Sagen Sie lieber, daß sie ihre orale Erotik verdrängt haben«, sagte der Professor.

»Ja, mag sein«, stimmte ich zu, »doch was den Geschmack betrifft, so ist das Nasale der Hauptfaktor.«

Ich sprach von meinen Schwierigkeiten während der letzten Stunde und erinnerte mich an des Professors Bemerkung, ich hätte etwas zu verbergen. »Ich habe etwas zu sagen und kann es mir vom Hals schaffen«, fuhr ich fort. »Vielleicht ist es dies, was ich zu verbergen suche. Es ist meine Hoffnung, eines Tages nach Nashville, Tennessee, wo die Vanderbilt Universität sich befindet, mich zurückzuziehen. Wenn ich dies tue, würde ich gerne die analytische Arbeit fortsetzen und vielleicht dort eine psychoanalytische Gruppe gründen.«

An diesem Punkt fragte Freud, ob Nashville nicht ein sehr kleiner Ort sei. Ich erklärte, es sei eine Stadt von 350 000 Einwohnern, mit drei Universitäten.

»Dann«, sagte er, »scheint es ja dafür ein geeigneter Ort zu sein.«

»Darum«, fuhr ich fort, »würde ich gerne ein Lehranalytiker werden, und vielleicht würde es Ihnen nichts ausmachen, mir einen Brief mitzugeben, in welchem Sie erklären, daß Sie mich kompetent für die Durchführung von Lehranalysen halten. Dies kann ich dann dem Komitee der New Yorker Psychoanalytischen Gesellschaft vorzeigen.«

»Vielleicht wissen Sie, daß ich absolut keinen Einfluß auf die amerikanische Gruppe habe«, erwiderte Freud. »Es ist jetzt ein Komitee ernannt worden, zu dem meine Tochter gehört, um die Beziehung der amerikanischen Gruppe zu der internationalen Gruppe einer eingehenden Betrachtung zu unterziehen. Die New Yorker Gruppe ist die stärkste und repräsentativste unter den amerikanischen Gruppen. Eben die New Yorker Gruppe hat unlängst eine Erklärung in der Art einer Unabhängigkeitserklärung abgegeben — sie könnten es nicht zulassen, daß sie kontrolliert würden und so fort. Ich könnte Ihnen also keinen Brief geben, der Ihnen bei der New Yorker Vereinigung von Nutzen wäre. Sie ignorieren meine Meinungen. Brill ist offensichtlich der einzige Freund, den ich in der New Yorker Gruppe habe — vielleicht sollte ich Dr. Jeliffe noch mit einschließen. Wahrscheinlich wird sich die New Yorker Gruppe abspalten; wir erwarten es.« Er fügte hinzu, daß Dr. Brill von seinem Austritt aus der New Yorker Gruppe gesprochen habe, sofern sich diese von der internationalen Gruppe abspalten würde.

»Wenn es sich natürlich um eine Professur für Analyse an einer amerikanischen Universität handeln würde«, fuhr Freud fort, »würde ich Ihnen gerne einen solchen Brief geben. Doch ich kann Ihnen nichts geben, was im Zusammenhang mit der New Yorker Gruppe von Nutzen wäre. Ich habe keinen Einfluß dort.« Freud schien bitter, als er über die Angelegenheit sprach.

»Wenn Sie mich«, sagte ich, »als Analytiker im allgemeinen und als Lehranalytiker im besonderen für kompetent halten, will ich zufrieden sein.«

»Ja«, sagte er, »Sie sind kompetent, Lehranalysen durchzuführen.«

Anschließend sprach ich von meinem Wunsch, einen Aufsatz über ihn zu schreiben, in welchem ich seinen Charakter, seinen Mut, seine Haltung darstellen wollte.

»Es steht ganz in Ihrem Belieben, dies zu tun«, erwiderte er.

3. September 1938

Während der heutigen Sitzung fragte ich Freud, was er denke über eine Meinungsverschiedenheit zwischen Margaret und mir. In einer kürzlich in der *Saturday Evening Post* publizierten Geschichte, sagt eine der Personen, die sich über die Analyse lustig macht: »Sie sind ein Freudianer — Sie halten keine zerbrochene Teetasse und keinen noch so flüchtigen Versprecher für zufällig!« Ich sagte, Margaret sei päpstlicher als der Papst. »Sie glaubt, es könne an keiner zerbrochenen Teetasse und an keinem Versprecher der Zufall schuld sein.«

Freud lachte. »Margaret ist ein kluges Mädchen«, sagte er, wobei er hinzufügte: »Was die Teetasse betrifft, würde ich es eventuell dem Zufall zuschreiben — nicht aber den Versprecher.«

»Glauben Sie, daß ein Fehler beim Tippen auf der Schreibmaschine zufällig sein kann?«

»Da liegen die Dinge nicht so klar«, war Freuds Antwort — mit anderen Worten, es ist nicht klar, ob ein getippter Fehler immer auf ein unbewußtes Motiv verweist.

Während der Stunde brachte ich das Gespräch wieder auf die New Yorker Gruppe und bemerkte: »Ich habe das Gefühl, daß sie dort eine Clique haben.«

»Fühlen Sie sich als Außenseiter?« fragte Freud.

»Ja«, sagte ich. »Ich spüre, daß ich nicht dazugehöre.«

Der Professor sagte nichts besonderes, doch sein Ausruf wie seine Art deuteten unmißverständlich an, daß er mein Gefühl für berechtigt hielt.

»Insgesamt betrachtet«, fuhr ich fort, »habe ich das Gefühl, daß sie eine miese Gesellschaft sind. Zum Beispiel glaubt Dr. Brunswick, daß L. ein guter Analytiker sei, doch ich kann ihre Meinung nicht teilen.«

»Ich auch nicht«, sagte Freud.

Am Ende der Stunde sagte Freud: »Es wird schwierig sein, Sie in den nächsten Tagen zu sehen. Ich muß mich einer weiteren Operation am Mund unterziehen. Dies wird am Dienstag geschehen. Ich werde bis Samstag weg sein. Vielleicht kann ich nicht einmal am Samstag arbeiten.«

»Haben Sie einen guten Chirurgen?« fragte ich.

»Ich hoffe so. Es ist der erste Assistent des Chirurgen, den ich in Wien hatte. Er wurde mir sehr empfohlen.«

»Haben Sie jetzt irgendwelche Beschwerden?«

»Nein«, antwortete er, »doch es gibt eine verdächtige Stelle, und der Chirurg ist der Meinung, sie sollte entfernt werden. Nach einer solchen Operation habe ich Beschwerden, doch keine starken Schmerzen.« In einem entmutigten Ton fuhr er fort: »Dies ist meine zweiundzwanzigste Operation in fünfzehn Jahren. Es ist natürlich ein Karzinom. Es kann nicht sehr bösartig sein, sonst hätte es nicht fünfzehn Jahre gedauert.«

Der Professor war am 6. Mai 1938 zweiundachtzig Jahre alt geworden. Seine erste Operation war also im Alter von siebenundsechzig.

5. September 1938

Der Professor war wie üblich freudig gestimmt. Ich sprach zunächst von Bunyan's *Pilgrim's Progress,* von dem ich mir soeben eine Ausgabe besorgt hatte. Dieses Jahr ist der 250. Jahrestag des Todes von Bunyan. »Ja, ich kenne das Buch«, sagte Freud.

Ich sprach von Bunyan's Genius, seinem Mangel an Bildung, und wie seltsam es wäre, daß er ein solches Meisterwerk hatte schreiben können.

»Es bedarf keiner Bildung, um genial zu sein«, erwiderte Freud.

Dann zitierte ich Freuds Feststellung in einem seiner Bücher, in dem Sinne, daß der Psychoanalytiker den Genius nicht erklären könne. Freud bestätigte, daß dies sich so verhielte. Ich fragte ihn, ob er sich daran erinnere, wo er dies geschrieben habe.

»Wahrscheinlich an mehreren Stellen«, antwortete er.

Als wir Bunyan's Buch diskutierten, sprach ich von Mr. Fearing, der den Tod so fürchtete, und ich bemerkte wie gut es Bunyan mit ihm meinte, indem er den Fluß des Todes so seicht sein ließ, daß Mr. Fearing kaum benetzt hindurchging. Hier erwähnte ich des Professors eigene Bemerkungen über den Tod.

»Wenn man in meinem Alter ist«, sagte Freud, »denkt man natürlich an den Tod. Doch die, welche an den Tod denken und von ihm sprechen, sind die, welche ihn nicht fürchten. Wer nicht vom Tode spricht oder nicht an ihn denkt, hat Angst vor ihm.«

(Wie man sich erinnern wird, habe ich in meinen früheren Aufzeichnungen erwähnt, daß der Professor oft vom Sterben gesprochen hat.)

Ich erwähnte die Operation des Professors und die Tatsache, daß er nach einer solchen Operation einmal eine Lungenentzündung gehabt habe, und ich fragte mich, ob er diesmal wieder in dieser Gefahr sei.

»Nein«, sagte Freud. »Ich hatte nur ein einziges Mal eine Lungenentzündung, und dies deshalb, weil der Chirurg zuviel Adrenalin in dem Kokain benutzt hatte. Dies führte zu Herzbeschwerden, und daraufhin bekam ich eine Lungenentzündung.«

Später bemerkte ich: »Es scheint mir, daß die Psychoanalyse unseren Haß und unsere Aggression zu modifizieren versucht, nicht anders als die Religion auch. Ich fügte hinzu: »Ich weiß nicht, was Sie von dem Vergleich halten.« Der Professor gab keine Antwort.

An einem anderen Punkt sagte ich: »Ich glaube, daß ein Großteil der Wirkung einer Psychoanalyse dem Charakter des Psychoanalytikers zuzuschreiben ist . . . Ich glaube, daß viel von dem günstigen Einfluß meiner Analyse sich verbindet mit Ihrer Person, meiner Wertschätzung Ihres Mutes, Ihrer wissenschaftlichen Haltung und Ihrer Sympathie.« Wieder sagte Freud nichts.

Als ich von unserem Buch über Lourdes sprach, sagte ich: »Wenn unser Buch publiziert sein wird, werden wir von den Ärzten sehr kritisiert werden.«

»Ja, gewiß«, sagte Freud.

Ich sprach von Nunberg und davon, daß er ein guter Analytiker sei. Dem stimmte der Professor zu. Ich fuhr fort: »Ich glaube, ich werde ihn konsultieren im Zusammenhang mit einigen Problemen zu unserem Buch über Lourdes.« Freud gab einen Ausruf von sich, der zu verstehen gab, daß dies klug wäre.

In einer der früheren Stunden hatte ich von meinem Wunsch gesprochen, den *Kaufmann von Venedig* in modernem Kostüm zu spielen. Ich sagte, daß die Gestalt Shylocks zeigte, wie die Juden verfolgt würden. Wenn Shylock das Pfund Fleisch verlangte, so deswegen, weil er durch solche Verfolgung bis zum Wahnsinn getrieben worden sei. Auch habe Shakespeare seine Sympathie für den Juden zum Ausdruck gebracht in seinem Theaterstück — so etwa in der berühmten Passage, die mit den Worten beginnt »Hat nicht ein Jude Augen?« etc.

»Ja«, sagte Freud, »Shylock ist wieder modern geworden.«

6. September 1938

Heute sagte Freud, seine Operation sei für einen Tag später angesetzt, er könne mich also morgen sehen. Offensichtlich wird die Operation weit teurer als es zunächst den Anschein hatte, und er wird für zehn Tage im Krankenhaus bleiben müssen. Er fragte mich, wann ich heimzufahren gedächte. Ich sagte, am 14. September.

»Dann wird es morgen wahrscheinlich die letzte Stunde sein«, sagte Freud.

»Ich glaube, es ist berechtigt, für so kurze Zeit herüberzukommen«, sagte ich, »und ich hoffe, nächstes Jahr für eine noch längere Zeit zu kommen.«

»Ich fürchte, ich werde nicht da sein«, erwiderte Freud.

Später bemerkte ich: »Sie empfinden wohl noch immer eine gewisse Loyalität gegenüber Österreich.«

»Nein«, antwortete er, »das ist unmöglich. Österreich gibt

es nicht mehr.«

Ich fragte ihn, ob er vorhabe, ein britischer Staatsbürger zu werden.

»Dazu fehlt die Zeit«, sagte er. »Fünf Jahre sind nötig, um das Bürgerrecht zu erlangen — aber die Angehörigen meiner Familie werden wahrscheinlich britische Staatsbürger werden.«

Im Verlauf der Sitzung sagte ich: »Vielleicht besteht in meinem Unbewußten ein gewisses Ressentiment, weil Sie von dem Fall des geheilten irischen Jungen nicht überzeugt sind. Vielleicht habe ich nicht genügend verdeutlicht, daß er Gutachten von drei Krankenhäusern hatte und daß die Doktoren, die ihm die Untersuchungsergebnisse seines körperlichen Zustandes gaben, nicht von dem wußten, was ihn in Lourdes erwartete.«

»Ich stelle es nicht in Abrede«, sagte Freud. (Er meinte, daß er die von mir mitgeteilten Tatsachen nicht in Abrede stelle.)

Das Gespräch kam auf die Unterschiede zwischen Nazismus und Demokratie. Ich sagte, daß im Nationalsozialismus der Bürger keine Rechte habe als die ihm vom Staate gewährten, wohingegen der Bürger einer Demokratie gewisse unveräußerliche Rechte habe, die ihm von Gott dem Allmächtigen gegeben worden seien — so daß die Bibel, in einem gewissen Sinne, die Quelle unserer Demokratie sei. Die Bibel lehrt uns, daß etwas des Kaisers und etwas Gottes ist.

Freud gab einen Ausruf der Zustimmung von sich.

Während des ersten Teils der Stunde hatte Freud gesagt, daß ich das nächste Mal Margaret mitbringen könne. Als ich ging, wiederholte er: »Vergessen Sie nicht, Margaret mitzubringen.«

7. September 1938

Margaret kam heute mit mir. Freud hatte Besucher, und

wir mußten in dem Gang vor seiner Tür mehrere Minuten warten, bis sie gegangen waren. Margaret trat zuerst ein und blieb für zehn Minuten.

Als ich eintrat, schien Freud so voller Energie und frohgesinnt wie immer, obgleich er eine schwere Operation am nächsten Tage vor sich hatte, von der er sich womöglich nicht erholen würde. Zwei Tage zuvor, als ich über seinen Frohsinn gesprochen hatte, war Freuds Erwiderung: »Vielleicht ist es nur an der Oberfläche so.«

Nachdem ich mich auf der Couch niedergelassen hatte, sagte Freud: »Dies ist unsere letzte Stunde. Meine Operation ist am Morgen, und ich werde für eine Woche oder zehn Tage im Krankenhaus bleiben. Da Sie nächsten Mittwoch aufbrechen, werden wir unsere Stunden nicht wieder aufnehmen können.«

Ich gab dem Professor das Honorar von 32 Guineen für die Zeit, die ich bei ihm war. Das Geld war in einem Umschlag. Freud nahm den Umschlag und betrachtete ihn.

»Dies«, sagte er, »wird für eine Woche Krankenhausaufenthalt ausreichen.«

»Ich hoffe, Sie halten mich nicht für anmaßend«, sagte ich, »aber falls Sie Geld brauchen, da Sie in Österreich all Ihres Geldes beraubt wurden, kann ich es arrangieren, daß Sie welches bekommen.«

»Aber nein«, sagte er scherzend.

Ich begann die Stunde, indem ich von drei Träumen erzählte, die ich während der Nacht zu verschiedenen Zeitpunkten gehabt hatte.

»Ich nehme an, daß Träume miteinander in Verbindung stehen«, sagte ich, »selbst wenn sie zu verschiedenen Zeitpunkten in derselben Nacht geträumt wurden.«

Freud sagte, meine Annahme sei korrekt.

»In dem letzten Traum«, so fuhr ich fort, »scheine ich erfolgreich zu sein und ein Gefühl zu haben, daß es gut ausgehen wird . . . ich wage die Prophezeiung, daß Ihre Operation gut verlaufen wird.«

»Vielleicht ist das eine Wunscherfüllung Ihrerseits«, sagte Freud.

»Vielleicht ist es nur Aberglaube«, erwiderte ich, »aber ich habe noch immer das Gefühl, daß Ihre Operation gut verlaufen wird.«

Einer meiner Träume handelte von der Angst eines homosexuellen Angriffs auf mich.

»Dies«, sagte Freud, »ist der Grund der größten Widerstände und Ängste bei Männern.«

Ich fragte den Professor, warum seiner Meinung nach Laienanalytiker für den Fortschritt der Psychoanalyse unabkömmlich seien.

»Weil«, so sagte Freud, »der Psychiater, der Psychoanalyse praktiziert, hauptsächlich an den therapeutischen Bedürfnissen interessiert ist. Dieses Ziel sollte nicht herabgesetzt werden, aber dies ist nicht das höchste oder gar essentielle Ziel der Psychoanalyse. Das Ziel der Psychoanalyse ist in der Hauptsache, beizutragen zu der psychologischen Wissenschaft und der Welt der Literatur und des Lebens im allgemeinen.«

»Mit anderen Worten«, sagte ich, »der Psychiater, der die Psychoanalyse seiner Methode aufpfropft, ist hauptsächlich an der Therapie interessiert, während der Laienanalytiker sich mehr für die Forschung interessieren dürfte.«

»Ja«, sagte er, »das stimmt.«

Indem ich mich auf ein New Yorker Gesetz gegen Laienanalyse bezog, sagte ich: »Ich bin sicher, daß man dabei beachten muß, wie schwer es unter diesem Gesetz für die New Yorker Gruppe ist, Laienanalytiker aufzunehmen, selbst wenn sie dies wünschte.«

»Es ist der Haltung der New Yorker Psychoanalytischen Gruppe zuzuschreiben, daß solche Gesetze durchgekommen sind«, sagte Freud.

Dem stimmte ich zu.

»In England«, fuhr Freud fort, »besteht vollkommene Freiheit, als Laienanalytiker zu praktizieren. Sie müssen nur erklären, keine Rezepte auszuschreiben, dann können sie frei praktizieren.

Ich fragte Freud, ob die Britische Gruppe von Analytikern sich von der Internationalen Psychoanalytischen Vereinigung beherrscht fühlte.

»Nein«, antwortete er.

»Dann scheint es bei den Juden Brauch zu sein, ihre Lehrer zu vernichten, zu verstoßen und zu töten«, sagte ich. »Sie steinigten ihre Propheten und kreuzigten ihren großen Lehrmeister.«

»Die amerikanische Gruppe ist weitgehend jüdisch, beherrscht von Rado«, sagte Freud, »und die Amerikaner« — er meinte die Nichtjuden — »sind nicht viel besser.«

»Vielleicht nicht zu diesem Zeitpunkt«, entgegnete ich. »Aber später werden sie sich als besser erweisen und die Psychoanalyse voranbringen.«

»Hoffen wir's«, sagte Freud.

Als ich mich zum Gehen erhob, fügte er hinzu: »Nun, vielleicht sind Sie derjenige, der die psychoanalytische Wissenschaft voranbringt.«

Dann sprach ich von dem, was er mir hatte zugute kommen lassen — nicht nur in dem, was er gesagt hatte, sondern in Charakter und Einstellung. Ich sprach von dem Bedürfnis des Mannes zwischen 55 und 60 nach einer Philosophie, die es ermögliche, vertrauensvoll und zufrieden fortzufahren. Indem ich die Zeilen von »Rabbi Ben Ezra« (»Grow old along with me! The best is yet to be«: »Mit mir zusammen werde alt! Das beste steht noch aus«) zitierte, sagte ich: »Ich glaube nicht, daß es stimmt. Ich glaube nicht, daß das Beste zwischen fünfzig und sechzig kommen wird. Wenn man etwas taugt, so ist man in seinem Leben zwischen dreißig und vierzig am besten.«

»Sie haben recht«, sagte Freud.

»Aber schließlich«, so fuhr ich fort, »können wir doch zufrieden weitergehen, wenn wir die richtige Philosophie an die Hand bekommen. Wie Shakespeare doch sagt, ›Feiglinge sterben oft vor ihrem Tod‹, und wenn man das Alter des Todes erreicht hat, fällt das Sterben leicht. Und wieder zitierte ich Shakespeare: ›Die Menschen müssen ihr Fortgehen ertragen wie ihre Ankunft hier: Reifsein ist alles.‹«

Dann sprach ich von Margaret und sagte, falls ihr Buch erfolgreich wäre, würde sie weniger ängstlich über ihre Arbeit denken.

»Glauben Sie nicht, daß sie Erfolg haben wird?« fragte Freud, wobei der Ton seiner Stimme anzeigte, daß er daran keinen Zweifel hatte.

»Ja«, erwiderte ich. »Ich glaube es.«

»Ich glaube, sie wird erfolgreich sein«, sagte Freud — wobei er ihre Arbeit im allgemeinen und ihr Buch im besonderen meinte! »Sie können es ihr, wenn Sie wollen, sagen.«

Als ich mich schließlich zu gehen anschickte, gab mir Freud die Hand und sagte: »Ich würde mich freuen, Sie jederzeit, wenn ich kann, zu sehen . . . Leben Sie wohl!«

Wie anders war diese Abschiedsszene in dem Hotel Esplanade, verglichen mit den beiden vorausgegangenen in dem alten Weindorf Grinzing! Seitdem ich Freud im Jahr zuvor gesehen hatte, war die ganze Welt aus den Fugen geraten.

Margaret Gray Blanton:

Biographische Anmerkungen und Kommentare

Als ich das vorliegende Material überarbeitete und mit Fußnoten versah, wurde mir zunehmend bewußt, daß man aus diesem Tagebuch ein sehr einseitiges und vielleicht verzerrtes Bild von meinem Mann bekommen würde.

Vielleicht sind daher einige Worte über seine Herkunft und Ausbildung erforderlich.

Smiley hat immer an dem Gedanken festgehalten, daß er noch einmal eine Autobiographie schreiben würde; ihr besonderer Akzent sollte auf der Erziehung eines Menschen liegen, der unlöslich mit der Geschichte des Bürgerkriegs und der Geschichte des Grenzerstaats Tennessee im mittleren Süden der Vereinigten Staaten verbunden war. Er hat diesen Plan sogar mit Verlegern besprochen.

Seine Familie war in das Gebiet von Nashville aus Virginia und Maryland gekommen und kannte die Geschichte und Tradition des Revolutionskriegs und des Kriegs von 1812, an welchen viele ihrer Angehörigen als Soldaten teilgenommen hatten. Sein ethnisches Erbe setzte sich zusammen aus englischen, schottischen, irischen und wallisischen Anteilen, mit einem kräftigen Zuschuß französischen Hugenottenbluts.

Und im Süden nennt man eine solche Menschengruppe mit gutem Recht »die Familie«, denn die Familie war eine sehr fundamentale Einheit, aufgebaut nach dem Muster des Clans und ausgestattet mit allen seinen Fehlern und Tugenden. Da hieß es: einmal ein Mitglied, immer ein Mitglied, und nur dem Vaterland war ein Mann treuer ergeben als seiner Familie.

Das ganze Gebiet von Nashville, wo er aufwuchs, war während des Bürgerkriegs von Truppen besetzt gewesen, und man konnte kaum an einer Einzäunung ausruhen, ohne ein Überbleibsel der Kämpfe aufzulesen. Die Kinder suchten nach Patronen statt nach vierblättrigem Klee.

Smileys Urgroßvater, Meredith Blanton, kam aus Cumberland County in Virginia, und zwar unmittelbar nach dem Krieg von 1812, in dem er gedient hatte. Meredith ließ sich an dem Ort in der Nähe von Shelbyville nieder, der später unter dem Namen Unionville bekannt wurde. Im Mai des Jahres 1882 wurde Smiley dort geboren. Seine Mutter, Sarah Araminta Brunson — mit dem Rufnamen Sally —, die von Hugenotten abstammte, war als Lehrerin dorthin gekommen. Als Smiley noch ein kleines Kind war, zogen sie in das Haus einer verwitweten Schwester seiner Mutter in Pennington's Bend am Cumberland River.

Dort starb Smileys Mutter, und sein Vater heiratete die Witwe Pennington, Sally Brunsons Schwester. Vom Bend, wo sie so lange gewohnt hatten, zog die Familie in das alte Foster-Haus am Murfreesboro Pike in der Umgebung von Nashville, das 1828 gebaut worden war und in der Gegend lag, wo die restliche Familie sich gleich zu Anfang niedergelassen hatte.

Smiley lebte als einziges Kind unter fünf zur engeren Familie gehörigen Erwachsenen und zwei erwachsenen Negern, die seit der Zeit der Sklaverei in der Familie waren.

Seine ganzen frühen Lebensjahre hindurch waren seine wichtigsten Spielkameraden die verschiedenen Tiere des Haushalts, vor allem aber ein phantasierter Hund mit Namen Nooks. Nooks schlief bei ihm, saß bei ihm, tobte mit ihm und aß mit am Tisch. Der Phantasiehund gewann für die Familie eine solche Realität, daß manche ihn als ein reales Tier in Erinnerung hatten. Er starb schließlich, und im Rosengarten wurde für ihn ein Begräbnis abgehalten, an dem die Familie teilnahm.

Die ganze Gruppe betete Smiley an, und Smiley hatte immer das Gefühl, daß er schrecklich verwöhnt worden sei. Beobachter der Situation waren anderer Meinung. Nach ihrer Meinung war er maßlos kontrolliert, maßlos gegängelt und maßlos geliebt worden, und die Familie hatte in ihm einen Starrsinn und eine Zähigkeit erzeugt, die er mit dem Großteil seiner Energie und oft mit seiner Gesundheit bezahlte. Als Junge hatte er Tuberkulose, die Krankheit, an der seine Mutter gestorben war, und er machte auch die Malaria durch, die in jenem Bezirk des Südens endemisch war.

In Nashville kamen die Kinder nicht sehr früh auf die Schule. Gewöhnlich fingen sie im siebten Lebensjahr an; so auch Smiley. Er hatte bereits lesen gelernt, und er wurde ein äußerst schneller und sogar besessener Leser. In dem riesigen alten Haus, in dem sie wohnten, gab es ein unbenütztes Speicherzimmer, und wenn er durch die ihn umgebende Mauer von Erwachsenen bedrängt wurde, suchte er dort Zuflucht. Der Speicher war voll von weggeräumten Büchern, darunter viel Lyrik und eine Menge Magazine. Es gab dort Federbetten, in die man sich verkriechen konnte, und niedere Fenster mit einem Blick auf das Vorbergland von Cumberland, das Smileys Ideal eines »Gebirges« wurde.

Das war Smileys Wochenend-Fluchtburg. Und die Grundsätze dieses presbyterianischen Haushalts — sonntags nur die Bibel oder Shakespeare — gaben ihm die herrlichste Entschuldigung für seinen Rückzug.

Mit acht trat Smiley der Kirche bei, nach seinen eigenen Worten »aus Widerstandslosigkeit«. Sonntags ging er in eine kleine methodistische Kirche in der Nachbarschaft; sie lag am Murfreesboro Pike und hieß Arlington. Eines Sonntags während eines »Langgottesdienstes« küßte ihn seine ausnehmend hübsche, sechzehnjährige Sonntagsschullehrerin und fragte ihn, ob er nicht in den Himmel kommen wolle. Smiley konnte einer solchen Aufforderung nie im Leben widerstehen und trat denn auch prompt bei. Danach aber, als er zu Hause am Essenstisch seinen Schritt bekanntgab, stieß er auf totales Schweigen und erlebte einen der schmerzlichsten Momente seiner Kindheit. Nur der nicht ganz so alte »Kriegs«-Onkel sah weniger schockiert als belustigt drein. Dieser Konfliktsituation wegen gehörte er zu keiner Kirche, und erst kurz vor seinem 60. Lebensjahr schloß er sich einer Denomination an, und zwar nun der protestantisch-episkopalischen.

In der Schule mochte man ihn nie besonders. Zwanghaft mußte er die Dinge »auf seine Art machen«, und er stellte Fragen und vertrat Meinungen, die seine Lehrer zur Verzweiflung trieben. In Englisch und Geschichte freilich glänzte er.

Sein großes Idol war, als er älter wurde, Andrew Jackson, der Volksheld. Sehr früh zeigte er ein ausgesprochen zähes Gedächtnis. Hatte er ein Faktum erst einmal gelernt, dann blieb es haften, war es auch noch so unwichtig. Er merkte sich Winzigkeiten wie die Zahl der Kanonen, die in einer bestimmten Schlacht eingesetzt wurden.

»*Der* Krieg«, wie er im Süden hieß, war erst 17 Jahre vor Smileys Geburt zu Ende gegangen — keine lange Zeit für das lange Gedächtnis des Südens. Ihm kamen die Schlachten und Feldzüge wie ein kolossales Kriegsspiel vor.

Er war dabei gewesen, als das Denkmal der Konföderierten auf dem Friedhof von Mount Olivet eingeweiht wurde (ganz in der Nähe, wo er jetzt selbst begraben liegt), und er erzählte, wie er die gewaltige Menge um den »verlorenen Kampf« hatte weinen sehen. Es verwirrte ihn, daß er keine heftige Trauer empfand — nur Mitgefühl für die Leute, die sich so gut erinnerten. Und er erinnerte sich, wie er auf dem Heimweg, während er die verwunschenen Alleen entlangradelte, sich überlegt hatte, daß der Krieg nur zum Besten aller verlorengegangen sei. Und er hatte ebenfalls erkannt, daß er das nicht laut sagen durfte.

Als er die Volksschule beendet hatte, sagten ihm alle, die es anging, mit Bestimmtheit, er dürfe keinesfalls auf eine höhere Schule gehen, seine Gesundheit sei zu gefährdet. Er erzählte, er habe keinen großen Wind deswegen gemacht, aber am Einschreibungstag fuhr er auf seinem Rad die vier Meilen zur Montgomery Bell Academy und schrieb sich ein.

Seine vier Jahre dort waren ebensowenig erfolgreich. Er

sagte, er sei knapp »durchgerutscht«, und als er wegen einer Zeugnisabschrift anfragte, die er der Vanderbilt University für die Aufnahme vorlegen wollte, erhielt er den kränkenden Bescheid des Direktors, er solle es dort lieber nicht versuchen. Als er hartnäckig blieb und nach dem Grund fragte, sagte man ihm ganz unverblümt, er sei »ein zu großer Dummkopf«, um es zu schaffen.

Er trug seine Papiere dennoch zu Vanderbilt, und dort hatte er großes Glück, fast zum erstenmal in seinem akademischen Leben: er bekam Dr. Richard Jones zum Lehrer.

1904 machte er seinen B. S. — wieder fehlte nicht viel, und er wäre beim Examen durchgefallen. Diesmal lag es an seiner großen Abneigung gegen die deutsche Sprache und an seiner Unfähigkeit, sie zu lernen. Er konnte jedoch ein wenig Französisch, und er hatte eine Neigung für die Naturwissenschaften. Von dort ging er nach Boston, wo er an der Harvard-Universität Graduiertenkurse in Englisch belegte und sich bei Dr. Curry's Schauspielschule einschrieb.

In dieser Zeit begann er, sich für Sprachdefekte, vor allem für Stottern, zu interessieren. Er hatte ein zu scharfes Auge, als daß er Stottern für einen Defekt der Sprache an sich hätte gelten lassen können, und so steuerte er, ehe er sich's versah, auf den medizinischen Doktor und die Psychiatrie zu. Er sagte oft: wenn es auch lange gedauert haben mochte, bis er die richtige Richtung fand, so habe es doch in seinem ganzen Leben nie eine Wendung gegeben, die ihn nicht ihr nähergebracht habe. —

Er hatte jedoch keine Mittel. Also nahm er sich vor, zu unterrichten und so das nötige Geld zusammenzusparen. Er bewarb sich bei der Culver Military Academy um eine Stelle für Öffentliches Reden. Aber seine Bewerbung wurde, was ihn in späteren Jahren sehr belustigte, abgelehnt, weil er »Proffessor« falsch, nämlich mit zwei f, schrieb. Dann bewarb er sich bei Cornell in Ithaca, wo er angenommen wurde.

Neben seiner Lehrertätigkeit absolvierte er sein erstes medizinisches Jahr und ein Jahr Neurologie und organisierte den Schauspielklub von Cornell.

1909 lernten Smiley und ich uns kennen. Ich war in Nashville zu Hause, wo seine Familie immer noch lebte. Stunden um Stunden fuhren wir all die Alleen um Nashville ab und erforschten bis ins einzelne das Feld der Schlacht von Nashville. Ich konnte nicht behaupten, daß ich nicht gewarnt war.

Mein Vater starb im Herbst 1910, und Smiley und ich heirateten und faßten Pläne für seine restlichen drei Jahre Medizinstudium; alles, was wir hatten, waren seine 800 Dollar Jahresgehalt.

Das akademische Leben in Ithaca bot viel Befriedigung, aber Smiley hatte beschlossen, Medizin zu studieren und sich dann auf Psychiatrie zu spezialisieren, und so zogen wir 1911 nach New York City, wo er die Cornell Medical School bezog. Er war 29, und 115 Dollar pro Monat mußten uns die nächsten drei Jahre hindurch reichen. Direktor Kerr verschaffte ihm ein Stipendium.

Wir waren sehr glücklich und oft sehr hungrig, aber wir bedauerten es nie. Und ein nach hinten liegendes möbliertes Zimmer im obersten Stockwerk einer ungeheizten Pension an der East 32nd Street schreckte mich damals nicht so sehr wie heute.

Ich erkannte sehr schnell, daß ich, um mit Smiley zu überleben, so viel wie möglich von den Dingen lernen mußte, an denen er gerade arbeitete. Ich hatte recht damit und blieb dabei bis zu seinem Tod.

Außerdem lernte ich schreiben und veröffentlichte in jenen Jahren um die 14 Zeitungsartikel. Schreiben war damals kein gutbezahlter Beruf. Für meinen Spitzenartikel bekam ich 20 Dollar.

Nach seinem Examen gingen wir 1914 an die University of Wisconsin, wo er eine Klinik für Sprache und Psychohygiene in der Abteilung für Öffentliche Reden einrichtete.

Damals nahmen wir in unsere Familie Smileys anhängliche Stiefmutter auf, die vollständig gelähmt war. Wir waren nominell zehn Jahre an der Universität von Wisconsin, von 1914 bis 1924. Längere Studienaufenthalte an der Phipps Psychiatric Clinic und am Johns Hopkins Hospital in Baltimore unterbrachen jedoch unsere Zeit dort. Smiley ging zu Adolph Meyer, und ich arbeitete unter John Watson, für den ich eine Untersuchung über »Das Verhalten des Kleinkindes während der ersten 30 Lebenstage« durchführte.

1917 trat Smiley in die Armee ein, in eine medizinische Spezialabteilung von Psychiatern. 1918 ging er, als Captain Blanton, an der Spitze einer Gruppe von Psychiatern, Assistenten und Krankenschwestern nach Frankreich. Er wurde der 2. Division zugeteilt, und bei Kriegsende lag er in einem der vordersten Gräben dicht hinter der Front. Er erlebte einige der schwersten Kämpfe mit.

Danach schickte man ihn nach Deutschland, nach Trier, wo er den psychischen Gesundheitszustand kleiner Schulkinder untersuchen sollte.

Nach seiner Rückkehr waren wir wieder kurz an der Universität von Wisconsin, dann beschloß Smiley, nach London zu gehen und am Royal College die Prüfungen in Neurologie und Psychiatrie abzulegen. Er arbeitete am Madeline Hospital und am Queens Square.

Ich selbst besuchte während unseres Aufenthalts dort die University of London und arbeitete unter Dr. Daniel Jones auf dem Gebiet der Phonetik.

Und wieder zurück nach Wisconsin und von dort 1924 nach Minneapolis, wo er die heilpädagogische Kinderklinik der Volksschulen begründete.

Dort schrieben wir zusammen ein Buch für Lehrer und Eltern mit dem Titel »Child Guidance« (Heilpädagogik). 1927 gingen wir an das Vassar College in Poughkeepsie, wo Smiley den Kindergarten leitete, den sie gerade eröffneten.

Leider klappte es damit nicht so recht, und so gingen wir im Herbst 1929, nur wenige Wochen vor dem Börsenkrach, von dort nach Wien, um bei Professor Freud zu arbeiten.

Wir erkannten so wenig wie sonst jemand, daß die Depression begonnen hatte. Eine Zeitlang wußte man nur, daß irgend etwas mit »der Börse« passiert war, und was die Börse anging, so war sie für Durchschnittsmenschen nie ganz wirklich gewesen.

Zu unserem Glück waren unsere Geldmittel in Kreditbriefen von ersten Banken angelegt, und damals hatte der Zusammenbruch der Banken noch nicht eingesetzt. So führten wir ein bequemes Leben und konnten unsere Ängste in unsere Analysenstunden abschieben, was uns, da wir ja doch nichts gegen die um sich greifende Depression unternehmen konnten, nur guttat. —

Smileys Freunde haben mich gebeten, einige Phasen aus seinem Leben zu besprechen, die zu besprechen ich mich nicht ganz kompetent fühle. Trotzdem werde ich mein Möglichstes tun. Ein Gebiet war Smileys Einstellung zur Religion, ein zweites war seine erkennbare Reaktion auf seine Analyse, ein weiteres das Phantasieleben, das er neben seinem normalen führte. All das sind sehr subjektive Gebiete, und ich bin natürlich notgedrungen auf das beschränkt, was ich von seinen jeweils damit zusammenhängenden Äußerungen oder Handlungen erinnern kann.

Ich vermute stark, daß Smiley und ich häufiger zusammensaßen und miteinander redeten als die meisten Ehepaare. Smiley machte darüber oft seine belustigten Bemerkungen.

Wir hatten jedoch unsere »Verfahrensregeln«. Morgens beim Aufstehen durften strittige Themen aufgebracht werden, und wir konnten uns dabei auch ein bißchen zanken, wenngleich wir immer mit einer Zärtlichkeit auseinandergingen. Aber abends, wenn Smiley von der Arbeit heimkam, hielten wir uns streng an die besten und höflichsten »Umgangsformen«, die wir aufbringen konnten, und versuchten, die Stunde des Dinners so interessant und entspannend zu machen, wie nur möglich. Die einzige Ausnahme davon war eine Demonstration meines Ärgers, die ich mir erlaubte, wenn er zu spät kam. Vier Minuten konnte ich ertragen. Sieben Minuten, vielleicht. Aber zehn Minuten, und der Zornausbruch war da! Und ich bot all meine schauspielerischen Fähigkeiten für diese Ausbrüche auf.

Wie immer Smiley sich anderswo verhielt, bei mir kam er ständig zu spät. Die längste Zeit unseres gemeinsamen Lebens kochte ich das Dinner. Ich kam dahin, daß es mir ganz gut geriet, und eine Verzögerung ruinierte es und ärgerte mich. Außerdem neigte er dazu, länger zu arbeiten, als für ihn selbst gut war.

Wenn er zu spät kam, versuchte er es mit verschiedenen Ablenkungsmanövern, so zum Beispiel mit dem alten Trick, daß er seinen Hut durch die Tür hereinwarf. Und wenn er spät genug dran war, bot ich ihm ein Schauspiel und warf den Hut wieder hinaus.

Smileys Temperament war ausgeglichener als meines. Da er ein höflicher Mensch war, formulierte er es so, daß meine Reaktionszeit einfach ein bißchen zu kurz sei. Da ich jedoch, so fügte er hinzu, nicht schmolle, trage meine kurze Reaktionszeit lediglich dazu bei, unsere Beziehung spannender zu machen. Schmollen wäre, bei jedem von uns, als Scheidungsgrund betrachtet worden.

Wenn er innerhalb der Toleranzspanne ankam, stolzierte er gewöhnlich ins Haus, gab sich als Smiley Blanton, der Immerpünktliche, aus, und wir nahmen die Sache leicht. Während des Essens besprachen wir die interessantesten Ereignisse des Tages — manchmal auf Teufel komm raus.

Selbst während des Krieges ließen wir kaum etwas davon an unseren Tisch herankommen. Und Nachrichtensendungen waren tabu. Niemals besprachen wir unsere Finanzen, wie schlecht sie auch damals stehen mochten.

Natürlich mußten wir bei so strengen Regeln oftmals auf abstrakte Themen zurückgreifen, und da Smiley jeden freien Augenblick des Tages und der Nacht zum Lesen benutzte und viel Unterschiedliches las, bot uns das keine allzu große Schwierigkeit.

Was ich von seinen religiösen Überzeugungen erfuhr, kam gewöhnlich zu diesen Zeiten zur Sprache. Nach dem Dinner ging das Gespräch oft weiter bis tief in die Nacht, und es umfaßte ein weites Gebiet.

Woran ich mich am lebhaftesten erinnere, war seine nie endende Verwunderung, daß das Christentum trotz der fortgesetzten Mißachtung der Lehren Christi überlebt hatte. Das war nach seiner Überzeugung der einzige, fundamentale Grund für die Existenz der Kirche, und immer wieder kam er auf den Satz zurück, der nach seiner Überzeugung die entscheidende Philosophie enthielt: »Liebe deinen Nächsten wie dich selbst.« Für seine Person, so sagte er, umfaßte das alles. Die Vorstellungen, die von den Kirchengelehrten entwickelt worden waren, bedeuteten ihm nichts. Ihm lag nichts an einem strengen, von Menschen geschaffenen Glaubensbekenntnis, und er konnte nie dazu gebracht werden, eines zu akzeptieren; er gebrauchte dafür das Wort »Spitzfindigkeiten«. In diesem Zusammenhang konnte er, zum Kummer seiner Freunde, manchmal sagen, er habe keine Religion.

Er bewunderte sehr den Apostel Paulus, vor allem wegen seines herrlichen Stils. Ich gar nicht, wegen seiner Einstellung zu Frauen, und das war ein häufiger Anlaß für Meinungsverschiedenheiten zwischen uns.

Vielleicht war es nicht so einfach, wie das klingen mag, denn ein Thema gab es zwischen Smiley und mir, wo wir nicht nur ständig verschiedener Meinung waren, sondern das wir sogar prinzipiell aus unseren Gesprächen verbannen mußten: die Stellung der Frau in der westlichen Gesellschaft. Soweit ich zurückdenken kann, war ich eine glühende Feministin gewesen. Ich hatte das Gefühl, daß Smiley diesen Kampf schlankweg ablehnte.

Immer wenn ich auf das Thema kam, rief Smiley aus: »Da bist du wieder bei deiner Zwangsidee gelandet!« Und dann antwortete ich: »Also los, halte du den Rest der Rede«, und er tat es! »Nun, du weißt so gut wie ich, daß die Frau dem Mann überlegen ist« — immer wenn ich das hörte, hätte ich am liebsten zugeschlagen oder zumindest Türen zugedonnert. Wenn er gesagt hätte »dem Mann gleichwertig«, hätte ich ihm für das Kompliment gedankt. Aber nein! Er sagte immer nur »überlegen«, und ich wußte wohl, daß das nicht seine wirkliche Meinung war.

Stunden verbrachte ich mit dem Versuch, ihn davon zu überzeugen, daß einer der entscheidenden wunden Punkte der heutigen Gesellschaft die Unfähigkeit des Mannes ist, an die Gleichwertigkeit der Geschlechter zu glauben, und sein Bedürfnis, das Geschlecht seiner Mutter herabzusetzen. Nie gelang es mir, aber ich gab den Versuch nie auf. Und dann brachte er mich in Wut mit seinen kauzigen Antworten!

Er liebte kauzige Einfälle. Besonders über Tiere. Der Einfluß von Onkel Remus, sagte er. Alle Tiere waren für ihn Persönlichkeiten, und immer wenn »es im Kasten zu ruhig wurde«, wie er Onkel Remus zu zitieren liebte, griff er auf eine ganze Welt von »Spielkumpanen« zurück. Mrs. Maus war sein ganzes Entzücken, wie übrigens auch wirkliche Mäuse. Aber er war auf mich angewiesen, wenn es darum ging, eine Fabel um sie herum zu weben. Er pflegte zu sagen, daß er zwangsläufig eine Schriftstellerin hatte heiraten müssen. Wäre ich keine gewesen, hätte ich eine werden müssen.

Einmal sprach er mit Professor Freud darüber, der dazu bemerkte: »Sie haben offensichtlich Scheherazade geheiratet.«

Als er im Sterben lag, setzte er es sich in den Kopf, daß er ohne Nachtschwester auskommen könne. Er stritt sich mit mir und versuchte, mich von seiner Idee zu überzeugen. Schließlich griff ich auf Mrs. Maus zurück. Wenn er keine Nachtschwester hatte, wie konnte dann Mrs. Maus hereinkommen und ihn besuchen? Und sie hatte schon Ärger genug, da es in seinem Zimmer keine sichere Bleibe für sie mehr gab, wo sie doch gewöhnlich in seinem Pantoffel wohnte. Er war ein Weilchen still. Dann griff er unter sein Kissen, wo er eine winzige Taschenlampe aufbewahrte. »Sie kann hierher kommen und direkt neben der Taschenlampe bleiben«, sagte er. »Dann habe ich in der Nacht jemand zum Reden.«

Wenn es den Anschein hat, als seien diese Eigenarten doch recht äußerlich und nicht der Erwähnung wert, so täuscht der Anschein. Er erinnerte mich eines Tages daran, daß ein Mensch, der sich unentwegt die Sorgen anderer Leute anhört, eine Phantasiewelt braucht, wohin er ausweichen kann. Und die hatte er. —

Von allem, was ich hier geschrieben habe, wird der folgende Abschnitt der unzulänglichste, weil der am wenigsten objektive sein. Aber jeder, der das Manuskript in die Hand bekommen hat, hält den Versuch einer Einschätzung, wie sich seine Analyse auf ihn ausgewirkt hat, für unabdingbar.

Es wird zugleich der schwierigste Abschnitt sein, unter anderem weil ich zur selben Zeit ebenfalls in Analyse war, und es fällt nicht leicht, die Veränderungen in zwei Menschen auseinanderzuhalten und gegeneinander abzuwägen. Er verlangt von mir auch eine Beschreibung unserer Beziehung vor der Analyse, verglichen mit der Situation danach, und eine Besprechung dessen, was ich als Temperamentsveränderungen infolge der Analyse ansah.

So wie er sich darbot, war er voller Widersprüche. Zum Beispiel wußte er genau, was er wollte und wie er es anstellen wollte, daß er es erreichte; er kannte da nicht die geringste Schüchternheit. Weil aber bestimmte Bereiche in seiner Erziehung vernachlässigt worden waren — Musik zum Beispiel, und bildende Kunst und Architektur — und weil das ausgerechnet die Bereiche waren, auf denen bei mir das Hauptgewicht gelegen hatte, machte er sich gern völlig abhängig von meinen Meinungen. Ich mußte mich tatsächlich hüten, ja keine beiläufige Meinung auszusprechen, weil ich sonst umgehend mitanhören mußte, wie er sie als mein festes Urteil zitierte.

Er beschäftigte sich konzentriert und systematisch mit den neuen Untersuchungen über die Tiefendimensionen des Verhaltens, wogegen in meiner Ausbildung diese Interessenrichtung sehr vernachlässigt worden war. Ich verfolgte gewöhnlich irgendwelche Studien ein paar intensive Jahre hindurch und entwickelte Meinungen und Ideen, die ich dann achtlos verstreute.

So verbrachte ich zum Beispiel einmal einige Zeit damit, mich mit den Flüssen der Vereinigten Staaten zu beschäftigen. Smiley hörte mich gern darüber reden, wenn auch seine eigentliche Liebe die Berge waren. Oder ein andermal, als wir in England waren, studierte ich eine Zeitlang mit aller Intensität die Architektur des Cotswold-Bezirks, während er das Wye Valley erwanderte und alle möglichen Kenntnisse über seine Geschichte sammelte. Wir pflegten unsere Funde einander mitzuteilen und lernten voneinander.

Ein Lieblingsgebiet von uns beiden war die Geschichte des Südens, aber auch hier unterschieden wir uns. Mein Interesse galt hauptsächlich der Besiedlung und dem, was man die Volkskunde nennen könnte. Er kannte »*den* Krieg« von A bis Z.

Daß unsere Interessen so nahe beieinander lagen und trotzdem nicht zusammenfielen, verschaffte uns viele spannende Gespräche. Wir waren beide Bücherwürmer.

Smiley steckte voller unberechenbarer Einfälle. Und er war nicht langweilig. Man konnte ihn mögen oder ablehnen, aber niemand blieb gleichgültig gegen ihn. Nicht einmal sah ich ihn kommen, ohne daß ich mich freute, oder gehen, ohne daß ich es bedauerte. Uns miteinander zu unterhalten, war immer ergiebig und immer leicht. Wir spekulierten über Dinge, Ursachen und Verhalten — und entwickelten Theorien. Das war der erste Teil unserer Ehe!

Und dann, nach 20 Ehejahren, gingen wir beide in Analyse — und Smiley wurde ein anderer Mensch und zweifellos ich auch.

Zwei Dinge waren mit ihm geschehen. Das erste war, daß

sich seine Einstellung zu seiner eigenen Familie änderte. Zum Beispiel hatte er immer eine große Anhänglichkeit an seine Großmutter, Emily Brunson, gezeigt und war von ihr vergöttert worden. Sie war eine schrecklich eindrucksvolle kleine Person, sehr liebevoll zu ihm, aber auch sehr aggressiv. Es schien mir immer, daß sie zwei destruktive Eigenarten hatte: sie wußte immer alles besser, und sie konnte es sich nicht verkneifen, Smiley ständig ihre eigenen Ideale aufzudrängen.

Sein Vater war eine etwas schattenhafte Figur für ihn. Sie liebten einander von Herzen, und sein Vater tat für seinen Sohn, was nur in seinen Kräften stand, aber sie hatten praktisch nichts miteinander gemein als ihre Vergangenheit. Ihre Unterhaltung griff immer auf Erinnerungen zurück.

Und dann ging er in Analyse, und Professor Freud wurde seine geliebte Vaterfigur, und seine Großmutter und ich, die er mit seiner Großmutter identifiziert hatte, wurden entthront. Sein zwanghaftes Bedürfnis, alles, was ich sagte, als Evangelium anzunehmen, löste sich auf, und er wurde überkritisch. Natürlich liegt die Vermutung nahe, daß dabei auch Veränderungen in mir, die ich nicht sehen kann, mitwirkten. Aber mit Sicherheit weiß ich, daß danach meine Rolle eine ganz andere wurde.

Wir mußten es aufgeben, gemeinsam Bücher und Artikel zu schreiben, und ich mußte bei allem, was ich sagte, auf der Hut sein.

Anfangs fielen wir in dieser Periode auf das Lesen zurück. Aber das funktionierte nicht so recht, weil Smiley auf die Sprachlosigkeit zwischen uns mit Schuldgefühlen reagierte und es sich angewöhnte, mir vorzulesen.

Nie war unsere Ehe so dicht daran, zu zerbrechen, wie bei diesem Vorlesen. Das lag zum Teil an einem Irrtum meinerseits. Mir kam der Einfall, ihm die vollständige Ausgabe von Freeman's »Lee« zu schenken; ich glaubte, er würde so begierig sein, sie zu lesen, daß ihm das Vorlesen zu langsam gehen würde.

Ich täuschte mich. Und meine Ausdauer war erschöpft, als eines Abends eine Dinner-Köchin sich beim Weggehen vor Lachen schüttelte, weil ich, mit ihren Worten, jeden Abend, wenn sie wegging, »die Toten der Konföderierten begrub«.

Ich buchte eine 28-Tage-Schiffsreise nach Plymouth in England und erklärte mich bereit, die Rückkehr zu erwägen, wenn er fertig sei. Ich blieb mehrere Monate in London, wo ich in der Bibliothek des Britischen Museums arbeitete. Ich sammelte Material für das Projekt einer Biographie von Thomas Becket und Heinrich II.

Er schrieb mir seine üblichen bezaubernden Briefe und schwor, er werde mir nie mehr vorlesen. Er überschlug sich! Er suchte uns ein neues Apartment, kaufte einen neuen Wagen und ein neues Tierchen, einen grauen afrikanischen Papagei. Und ich kehrte zurück.

Doch zu meinem Pech hatte Freeman auch einen »Washington« geschrieben. So mußte ich mir denn eine neue Strategie ausdenken, wie ich ihn mit sanfter Gewalt vom Vorlesen abhalten konnte. Schließlich erfand ich für ihn eine ganze Welt von phantasierten Spielkameraden, und wenn er zum Dinner nach Hause kam oder wenn wir nachts beide nicht einschlafen konnten, dann war unser Leben ausgefüllt durch die Heldentaten von Mrs. Maus, die soeben beschlossen hatte, mit der Herzogin von Windsor in einen Wettstreit zu treten, oder die versucht hatte, einen uns beiden bekannten Polizisten an einer Straßenecke zu verprügeln. Das ging so unser ganzes restliches Leben.

Natürlich hatten wir immer noch eine Menge miteinander gemein. Zum Beispiel hatten wir beide eine Leidenschaft für gutes Essen, in einer Stadt voll guter Lokale aller Größenordnungen.

Damals wurde Smiley ein fast besessener Golfspieler, und ich habe keine Begabung für Sport. Trotzdem pflegten wir zusammen auf Golftouren zu gehen, ich mit einem Koffer voller historischer Dokumente, die ich ordnen und kopieren mußte, er mit einer riesigen Tasche voller Schläger.

Er war ein begeistertes Mitglied seines Sleepy Hollow Clubs und pendelte zwischen diesem und dem Thunderbird Club in Palm Springs, Kalifornien, hin und her.

Sein stärkstes Interesse galt natürlich der American Foundation of Religion and Psychiatry, die er zusammen mit Dr. Peale organisierte. Er hielt es für ein Verbrechen an der Gesellschaft, daß diese beiden unverzichtbaren Bestandteile unserer Kultur isoliert nebeneinanderstanden.

Nachdem ich es aufgegeben hatte, zusammen mit ihm zu schreiben, schrieb er zwei Bücher mit Dr. Peale.

Dann begann er, allein zu schreiben, und ich ebenfalls. Für sein bestes Buch halte ich »Love or Perish« (etwa: Liebe ohne Alternative). Meine einzige Biographie war die von Bernadette, der »armen kleinen Heiligen« von Lourdes. Daneben ein Roman mit dem Titel »The White Unicorn« (Das weiße Einhorn), ein Bild des Südens um 1890.

Smiley stellte eine Sammlung bekannter Gedichte zusammen, Lesestoff für Sorgenzeiten. Lyrik gehörte so eng zu seinem Leben, daß er sich ein Leben ohne sie nicht vorstellen konnte. Er wußte eine gewaltige Zahl von Gedichten auswendig, und die meisten davon fehlerlos.

Smiley und ich hatten mehrere Gepflogenheiten, die fast Rituale waren. Nie ging er aus dem Haus, ohne daß wir uns zärtlich verabschiedeten. Und er hatte es sich zur eisernen Regel gemacht, daß man nie seine Wut mit sich zu Bett nehmen darf. Ganz gleich, was zwischen uns vorgefallen war, bevor wir schlafen gingen, kam er zu mir und sagte: »Es tut mir leid; wir wollen es vergessen.« Er war oft großzügiger als ich!

Er schlief nicht besonders gut, und er wachte nachts oft auf und las. Wenn es mir schien, daß das Licht lange genug unter seiner Tür hervorgekommen war, pflegte ich hinüberzugehen, mich auf den Rand seines Betts zu setzen und ihn mit allen Mitteln abzulenken und in Schlaf zu reden. Immer hatte er einen Kissenstapel untergeschoben, und ein starkes

Licht fiel auf sein Buch, gegen das er seine Augen mit einem weichen Filzhut abschirmte.

Eines Nachts, Ende Oktober, war es gegen Drei, als ich hinüberging. Ich fragte ihn, ob er gerade ein bestimmtes Buch über den Schlaf lese.

»Fertig damit«, sagte er. »Ich bin aufgestanden und habe mir das hier geholt.« Es war eine der ältesten Biographien von Lee, die er besaß. »Also«, forderte er mich heraus, »du kritisierst seine Taktik in der Schlacht von Sharpsburg.«

»Ja«, antwortete ich und ging in Verteidigungsstellung, die Diskussion da aufgreifend, wo wir sie zuletzt hatten fallen lassen. »Lee schlug diese Schlacht mit dem Rücken zum Fluß und hatte weder Brücken noch Boote hinter sich.«

»Gewiß!« schoß Smiley zurück, »aber er kannte seinen Gegner durch und durch, und das genügte ihm! Er war mit ihm in West Point gewesen. Er wußte, daß der andere seine Männer, wenn er sie auf das Gelände in der Nähe des Feldes gebracht hatte, alle Mann ein Lager beziehen lassen würde. Und daß seine eigenen Männer mit Tagesanbruch kampfbereit sein würden. Du müßtest es eigentlich inzwischen gelernt haben: der alte Fuchs *ließ* sich nicht erwischen! Es ging einfach nicht!«

Ich legte sein Buch beiseite, und er ließ es geschehen; ich nahm ihm den Filz-Augenschirm ab und strich die Bettdecke glatt.

»Mach ein Zeichen, wo ich bin!« sagte er. »Sie konnten den Alten nicht packen.«

Am nächsten Tag aßen wir im Metropolitan Club zu Mittag und sprachen seltsamerweise hauptsächlich über die Möglichkeit eines Lebens nach dem Tod. Die Sonne schien, und wir gingen ein Stück des Heimwegs zusammen; er machte einige Bemerkungen darüber, wie wunderbar ein gemeinsamer Spaziergang im herbstlichen Sonnenschein sei. An der Ecke verabschiedeten wir uns wie immer mit einem Händedruck.

36 Stunden später lebte er nicht mehr.

Viele Jahre lang war ich Smileys Schatten gewesen. Jahrelang kannte man mich tatsächlich nur als Smiley's Margaret. Gelegentlich unterschrieb ich sogar selbst mit diesem Namen. Jetzt mußte ich tatsächlich diese Rolle im Ernst übernehmen.

Er ist bei seiner Familie begraben, unter den Bäumen, die er liebte, und von seinem Grab aus kann man das Vorbergland sehen, das seine Kindheit formte.

Anmerkungen

1 Smiley und ich waren zur gleichen Zeit in Analyse. Manchmal war der Weg sehr lang und beschwerlich. Wir beide befanden uns sozusagen in einer Verfassung von Übersensibilisierung.
Eines Tages sagte er etwas, was mich verärgerte, und ich konterte mit der größten Beleidigung, die mir einfiel. »Du mußt Dich in einem Zustand von negativer Übertragung befinden.« Und ich fügte hinzu: »Ich könnte wetten, daß Du dies dem Professor nicht wiederholen wirst.«
Nachdem er sich beruhigt hatte, sagte er: »Du beweist nur, wie wenig Du verstehst. Du mußt ihm ja nicht sagen, in was für einem Zustand inneren Widerstandes Du dich befindest. Ganz abgesehen davon ist es seine Meinung, daß sowohl negative wie positive Übertragungen Teil des analytischen Prozesses und daher in keiner Weise zu befürchten sind; daß sie da sind, um durchgearbeitet zu werden.« — M. G. B.

2 Ab Mitte September bis beinahe Ende Oktober hielt sich Freud in dem psychoanalytischen Sanatorium von Dr. Ernst Simmel in Tegel, am Rande von Berlin auf. In dieser Zeit verbesserte sein Arzt die Zahnprothese, die Freud so viel Kummer gemacht hatte. Obgleich

Smiley dem Professor nach Berlin folgte, wie es abgesprochen war, lassen sich aus dieser Zeit keine Tagebucheintragungen auffinden. Die nächsten Eintragungen datieren von der Zeit nach seiner Rückkehr nach Wien.

Der einzige schriftliche Hinweis auf diese Zeit ist eine kurze Notiz von mir über mein erstes Treffen mit Freud, welches damals stattfand. Ich ging mit Smiley nach Berlin und an einem heißen Septembernachmittag begleitete ich ihn nach Tegel, wo ich Freud treffen sollte. Ich war niemals eine Patientin von Freud, da er — wie ich bereits erwähnte — nur diejenigen annahm, die Analytiker werden wollten. Ich kam nur als Smileys Ehefrau zu diesem Treffen, das ungefähr fünf Minuten dauerte. Durch seine einfache Direktheit gab mir dieser schmächtige, fragil aussehende kleine Mann das Gefühl, daß dies ein Treffen zwischen zwei gleichermaßen wichtigen (oder unwichtigen) Menschen sei. Ich machte keine Aufzeichnungen über unsere Unterhaltung, doch ich erinnere mich, wie Freud durch meine unordentliche Erscheinung — verursacht durch den staubigen Weg zum Sanatorium — hindurch das Gesicht sah, und auch, so möchte ich sagen, durch das Gesicht hindurch. Wäre ich mit der Absicht gekommen, mich zu verstellen, so hatte ich sie sogleich aufgegeben, denn mir schien es, daß er, mehr als jeder andere, dem ich begegnet war, schnell zur Wahrheit vordrang. Als ich den Raum verlassen hatte, wurde ich mir des Gefühls bewußt, einem wahrhaft großen Mann begegnet zu sein. Eine solche Reaktion folgt nicht immer dem ersten Kontakt mit Größe. — M. G. B.

3 Dies ist die letzte Eintragung im Jahre neunundzwanzig. Etwaige andere Eintragungen sind entweder verloren oder weggeworfen oder aber die Analysestunden der letzten zwei Monate fanden, aus welchem Grund auch immer, nur unregelmäßig statt. Doch bezieht sich Smiley in Notizen für eine Vorlesung an dem Union College Jahre später auf eine Sitzung im Dezember 1929, als Shakespeares Stücke als Thema auftauchten. Smileys Bericht über die Diskussion ist wie folgt:

> »Meinen Sie, Shakespeare schrieb Shakespeare?« fragte mich Freud.
>
> »Meinen Sie, ob der in Startford-on-Avon geborene Mann — ob er die Stücke schrieb, die man ihm zuweist?«
>
> »Ja«, antwortete er.
>
> Ich erzählte Freud, daß ich mich zwölf Jahre auf das Fach Englisch und das englische Drama spezialisiert hätte, bevor ich Medizin zu studieren begann; daß ich ungefähr ein Jahr auf der Bühne stand; daß ich ein halbes Dutzend Shakespeare-Dramen auswendig gelernt hatte, und daß ich keinerlei Gründe sähe, daran zu zweifeln, daß der Mann aus Stratford die Stücke geschrieben hat.

»Nun«, sagte Freud, »hier ist ein Buch, von dem ich möchte, daß Sie es lesen. Der Verfasser glaubt, ein anderer hätte diese Stücke geschrieben.«
Ich war sehr aufgebracht. Ich dachte bei mir, daß ich dem Urteil von Freud, sollte er wirklich meinen, daß Bacon oder Ben Johnson oder irgendein anderer Shakespeares Stücke geschrieben hätte, nicht mehr vertrauen und mit meiner Analyse nicht fortfahren könnte. Daher bat ich meine Frau, das Buch zu lesen und mir zu erzählen, was sie davon halte.

Das Buch war von J. Thomas Looney: »Shakespeare« Identified in Edward De Vere, 17th Earl of Oxford. An diesem Tag trug es Smiley unter seinem Arm, als er mich in dem Café sah, wo wir uns nach seiner analytischen Sitzung gewöhnlich trafen. Er schien sehr verwirrt und deprimiert und sprach über seine Zweifel, die Analyse bei Freud fortzusetzen. Er überreichte mir das Buch mit den Worten: »Willst Du mir aus der Klemme helfen und dies lesen?«
Zum Glück war ich zu diesem Zeitpunkt in meiner Analyse so weit fortgeschritten, daß ich das Phänomen des Widerstands erkennen konnte. Dennoch freute ich mich, das Buch zu lesen, das sich als wirklich solide erwies, und dessen Thema mit einer exemplarischen wissenschaftlichen Objektivität behandelt war. Ob man nun mit der These — der Earl von Oxford sei der eigentliche Autor der Stücke — übereinstimmte oder nicht, es war offensichtlich ein Buch, das Respekt und Anerkennung verdiente. Smiley war erleichtert, mein Verdikt zu hören und las das Buch selbst. Obwohl die Argumente ihn nicht überzeugten, erkannte er sofort, daß das Buch eine ernsthafte Arbeit war und nicht bloß eine weitere Baconsche Übung in Geheimziffern und Codewörtern. Die Krise war vorüber, und er fuhr mit seiner Analyse fort.
Späterhin sandten wir dem Professor neue, in Amerika publizierte Bücher zu diesem Thema. Immer bedankte sich Freud für diese Bücher, und mit der Zeit wurde daraus eine Art von Verbindungsglied, das wir zu schätzen wußten.

4 Dr. Hyman Lippman war ein Freund von uns, aus Minnesota, der auch in diesem Jahr nach Europa gekommen war, um in Wien zu studieren.

5 Die Invasion der Hitlerschen Truppen in Österreich, im März 1938, brachte Freud in unmittelbare Gefahr. Wie all seine Freunde und Bewunderer anderswo, waren auch wir tief besorgt über des Professors Sicherheit, als wir die gräßlichen Vorgänge in der Weltpresse verfolgten. Als wir schließlich erfuhren, daß Freud die Strapazen der Reise überstanden und sogar in London seine analytische Arbeit wieder aufgenommen hatte, schrieb Smiley, um zu erfahren, ob er den Professor wieder den Sommer über besuchen könne.